六度人脉 2

Six Degrees of Separation

李维文·著

CNS PUBLISHING & MEDIA 中南出版传媒
湖南文艺出版社
HUNAN LITERATURE AND ART PUBLISHING HOUSE
博集天卷
CS-BOOKY

★ 《六度人脉1》让你全面了解六度人脉！《六度人脉2》让你的人脉从一度迅速升级到六度！

★ 全球最高效直接的人脉法则！已经改变1.6亿人命运的神奇力量！

★ “六度人脉”创造了世界上最值钱的社交网站Facebook（脸谱），造就了10位10亿美元级富翁、850位百万美元级富翁！

★ 每个人的背后都隐藏着250个客户——千万不要忽视任何一个不起眼的人脉。你需要找出正确的人→用最快的方法认识他→让他帮你做成事！

★ 六度人脉手把手教你适应陌生人世界，只要你愿意，你可以和任何你想要认识的陌生人成为朋友，并让他帮助你成事、成功！

★ 随书附赠：精美超值的六度人脉白金手册——100条白金法则助你突破人脉瓶颈，以6次方的方式扩张自己的人脉圈，并教会你如何从庞大的人脉圈中进行人脉分类、人脉储蓄与人脉经营！让你在短时间里成为一个资深的“脉客”！

★ 人脉如同金钱一般，也需要管理、储蓄和增值。斯坦福大学调查显示：一个人赚的钱，12.5%来自知识，87.5%来自人脉。掌握一度人脉的大多只是学生和普通职员，掌握三度人脉的大多都能成为企业高管或公司老总，而掌握六度人脉的不是总统就是娱乐巨星。掌握几度人脉，决定你以后能有怎样的成就！

★ 从今天起，你应该做一件你人生中最重要的事情——掌握六度人脉！你的努力将得到500%的回报，你的世界将发生奇迹般的改变，你想办一件事，全世界都会来帮你！

★《六度人脉2》作为《六度人脉1》的延伸，着重强调：如何让你的人脉从一度迅速升级到六度？怎样在短时间内就结识那些平日看起来高不可攀的人？怎样让那些看起来高不可攀的人接待你，重视你，并跟你合作，成为朋友。在本书中，作者用名人案例结合作者本人在商业生活中的经典案例，将人脉设计、公关方式、沟通方法、相处智慧以通俗易懂、实用可学的方式奉献给读者。

★ 比尔·盖茨、巴菲特、奥巴马、李嘉诚、Facebook CEO扎克伯格等全世界最富有的人都在运用的人脉经营法则！翻开本书，你将掌握通往财富、成功的终极秘密！

★《纽约时报》《人物》《时代》《环球时报》《华尔街日报》《今日美国》《新闻周刊》《芝加哥时报》《哈特福新闻报》《出版人周刊》《奥马哈世界前锋报》、CNN、NBC、CBS、ABC等全球超过180家媒体推荐报道！

目录 Contents

引言

Introduction

六度人脉，沟通先行

当我进入营销行业的大门，在长江实业集团踏上推销员之路，开始白手起家的时候，起初我并不明白人脉的本质其实就是沟通和联结。通过沟通联结不同的“点”，通过“点线”的结合组成六维的人际网络。

一维的人脉需要沟通，二维直到六维的高级人脉，沟通仍然是它的基础。只有沟通做得好，人脉的基础才能搭建牢固，点与点之间的联结才会坚固而长久。

后来在漫长而残酷的生存实战中，我悟出了这个真理：不会沟通，你就没有人脉。当你因为一笔资金没有着落，急得满屋乱转时，你想过自己错过了多少黄金机会吗？

也许你本来会认识一位热忱的银行家朋友。他在了解你的情况之后，完全有可能伸手相助，与你达成共赢。但因为你孱弱的沟通能力让他感受不到你的诚意，即便你在那天晚上参加了那场重要的商业宴会，也不过是一名无足轻重的过客，你的能力只能让你在一维、二维顶多三维的人脉空间里打转——

“因此你没有机会认识这位银行家！”

本书作为“六度人脉”理论的延伸，着重强调的就是六维度人脉的最有效的实现手段。

我们如何从人脉的一度空间迅速升级到六度空间？

我们怎样在短时间内就结识那些平日看起来高不可攀的人？

结合我个人的经历，答案只有一个：高明的沟通与公关的手段。

提升自我营销的能力，是我们从一度人脉向六度人脉跨出关键一步的重点。在复杂多变的现代生存环境中，你和我都需要具备这样的认识，并且勇敢去做，用一件件具体的小事去实战、锻炼，积累总结，拓展资源空间，才能在各种场合如鱼得水、游刃有余地应对各种复杂的人际关系。

即便我们不讲太多的大道理，每个人也都明白，对于人脉的拓展，沟通的作用显然是巨大的——没有人能够否定这个观点，就像没有人能够否认“说话”对于人际关系的重要性一样。

本质上说，沟通不但是一种外向的开拓，还是一种内在的对团队关系的融合。当我们回头向内提升人脉的质量时就会发现，有时候你已经握在手中的关系，如果不注意沟通维护的话，也会因为一些看似不打紧的小事而毁掉它们。

在美国的时候，我有一次去朋友的公司拜访，恰巧碰见了一场针尖对麦芒的“较量”，更让我意识到了沟通和自我营销的能力对于现代人如何在短时间内集成自己强势人脉的重要性。这以人脉库的维护最为重要，对于树立你的威望和引导资源的利用来讲，沟通能力都是必不可少和至为重要的。

艾利克斯的汽车装饰公司设立在纽约第五大道的一个偏角处，我敲开他在二楼的办公室时，他正跟自己的员工莱特进行一场严肃的谈话。起因是莱特以及以他为代表的员工们觉得上个月的薪水实在太少了，“莫名其妙”地被扣掉了50%，这让他们无法接受。

莱特瞪着一双愤怒的大眼睛，用苏格兰式的英语不停地絮叨着：“艾利克斯先生，我今年已经47岁了，家里有一个15岁的儿子，还有12岁的女儿，妻子失业10年了，全指望我一个人。我的母亲刚做了心肺复苏术，花了一大笔钱，重要的是这些钱全是向亲戚借的。您知道您自己这个无情的决定，会对我的家庭造成多么大的伤害吗？”

很显然，和莱特一样，默不做声地站在门外的员工们都心怀同感。他们对降薪感到不可思议，对老板充满愤怒。这是最典型的劳资纠纷，空气中弥漫着火药味，只需要一丁点儿不合时宜的火星，我的老朋友艾利克斯就会被撕成碎片。他不但将失去这些忠实能干的员工，很可能还会在商界臭名远扬，被美国的劳动保障和司法部门盯上，从此如履薄冰，成为苛刻的黑心资本家，时常出现在报刊头条，时不时被拿出来当做反面典型奚落一番。

我知道，艾利克斯遇到了大麻烦。他要么说服员工服从他的安排，这很难；要么拿出钱来弥补工资，但这是向员工投降，会有损他作为老板的威望，在日后的内部管理中，他将陷入被动。

艾利克斯并没有像人们想象中的那样发脾气大吼，或者不屑地走掉，而是先给莱特倒了一杯水，请他坐下。

“嘿，莱特，你的情况我早就了解了，请坐，如果想解决问题的话。”

莱特有些惊讶地停止了他无休无止的抱怨，因为他预想中的“老板会拍桌子气急败坏地让他滚蛋”的情景没有发生。相反，在老板的第一句话中，局面似乎远比他想象的乐观，因为老板接受了他的控诉。他情不自禁地接过水杯，坐在了办公桌对面。

“哦，那我听着，艾利克斯先生，我想知道您会给我一个什么样的结果。”

艾利克斯笑了笑。停了一会儿，语气变得凝重起来。他并没有开门见山地满足莱特的要求，而是话题一转，讲起了另一名员工——工作一向最努力的默奇尔最近几个月发生的事情。

默奇尔的父亲在去超市购物的路上出了车祸，不幸失去了双腿，被紧急送往医院，一度生命垂危。这起灾难，公司无人不知。但没人清楚的是，关键时刻，是艾利克斯拿出10万美元，支付了默奇尔的父亲的天价医疗费。这笔钱是他的汽车装饰公司近期的全部周转资金，以致员工的工资都要暂时削减。

“但是，只要我们齐心协力，像一个人那样去努力工作，问题总会得到解决的，不是吗？”

站在门外的员工们紧抱着的双臂慢慢地放了下来。他们都在沉思，也在接下来的选择中衡量和判断。是的，老板坦诚地讲到了问题的根本，也没有回避他们的要求。困难是摆在这儿的，没有回旋的余地。现在的选择只有两个：或者拿了足额的工资离开公司（这意味着失业），或者像默奇尔那样与艾利克斯生死与共。

最终，所有人都选择了后者，因为艾利克斯的行为充分表现了他对员工的珍视。

无比重要的是，艾利克斯情深义重的讲述深深地打动了他们。这批员工成为他的公司的顶梁柱，工作比以前更加卖力。在后来的几次全国性或行业性的经济危机中，当公司真正的危险来临时，他们没有一个人离开艾利克斯。而且，莱特还拼尽全力地为公司出谋划策，介绍了自己的远房表亲——一位在美国西海岸从事短期融资业务的经纪人，帮助汽车装饰公司解决了一个非常重要的资金问题。

艾利克斯给了莱特丰厚的回报。现在，莱特已经是公司的小股东之一，另外还有三名员工积极地拿钱入股。他们是一家充满干劲的朝气蓬勃的公司，团结如钢，没有任何困难能够击败他们。

当敌意产生、关系随时有断裂的危险时，人与人之间巧妙沟通，以及展示足够的真诚，是让紧张的氛围变得轻松的关键所在。

不得不说，我的朋友艾利克斯是一个谈话的高手——他擅长以此道维系自己的人际关系。虽然他只是以短短几句话讲了一个不需要多加修饰的真实小故事，却瞬间化解了公司面临的危机。由此可见，沟通的技巧对于人脉的沟通和维持是多么重要。

一个善于沟通的管理者，可以聪明地引导下属的情绪，扭转糟糕的局面；一个善于自我营销、聪明地展示自己的人，能够以最小的成本，缩短交际公关的周期，只通过几个小小的环节，就能见到并打动自己的人际目标；而一个不善于沟通的人，可能刚一开口，就适得其反，引火烧身，让自己的人脉和事业毁于一旦，无法挽回！

在现实生活中，总有一些人，他们对于充实自己的人脉库充满了积极的渴望。他们有动力，也有强大的决心，就像站在路口焦急等车的路人，迫切希望立刻搭上一辆开往目的地的巴士。他们的口才很好，洋洋洒洒，无所不通，辩论能力也很强。因此他们觉得：

“我的朋友应该很多，我具备成为焦点的潜质，人们应该围着我转才对！”

“我是多么富有诚意啊，为什么六度人脉所讲到的东西与我无缘呢？我认为只要我想要，我就能与各种各样的人交上朋友，他们难以忽略我的存在！”

实际情况却是，他们的生活一点儿也不如意。当他们迈出步子时，发现自己处处受阻，事事遇挫，随时会跳出一些麻烦让他难以解决，总有一种无力和无助之感——就像许多人或许包括现在的你正感受到的一样。他们的人脉如同沙漠边缘地带的荒草，朋友少得可怜；他们做事业总是找不到关系，常发出“没人帮我”和“我无人可找”的哀怨。

但当他们回头寻找原因时——假如他真的有解决问题的决心，却总是习惯于将责任归咎于客观因素，从不反思自身的问题。有些人还时常发出“怀才不遇”的感慨，认为自己受到了不公正的待遇，遭到了小人的排挤，每天在压抑和悲愤的状态中浑浑噩噩，度日如年。

然而，问题可能并没有这么严重，只不过是他的表达方法有问题，让别人感到不舒服，或者他无法准确地讲明自己的意图，或者他的行为与言辞攻击性太强。他的气场太过尖锐，气势过于凶猛，让对方不想也不敢跟他打交道，不希望与他做朋友，甚至不想跟他在生活中有任何交集，如此而已。

只有当他明白如何进行公关解困，才能迅速地渡过这些难关，使自己完美地融入团队，拓展自己的人脉维度，巩固自己在众人眼中的形象，并且成为一名深受欢迎的上司或下属。

在本书中，我们将结合一些案例和我的自身经历，以及现代人脉竞争的真实环境，向读者介绍沟通与公关对于六度人脉开拓的重要性。我会给读者讲述实用沟通的种类和方法，将涉及人脉积累与维系的说话技巧和职场的一些附加智慧，以通俗易懂、实用可学的方式奉献给读者。要知道，同样的目的，要是表达的方式不同，造成的结果也将有天壤之别。本书即以此为例，献上一件叩开读者心门的礼物。

本书旨在向读者表明，我们要想结交朋友，拓展人脉，就要学会发出自己的声音，同时又要考虑对方的需要，并达成一致，实现自己的目标，这当然不是一件容易做到的事。可是，只要掌握恰当的方法，就如同生出了一对有力的翅膀，拥有了一对顺水的船桨，来帮助你实现完美的沟通，助你打开人脉宝库的大门，登堂入室，收获意料之中的命运大礼。

推荐序
Introduction

“六维度”的人脉奇迹

詹姆斯·泰克

［Costco（好市多）韩国分公司公共关系总监，李维文的挚友及合作伙伴，曾在长江实业集团与李维文有过两年的同事之谊］

我对“Six Degrees of Separation”（六度人脉）理论巨大效应的首次认识，是在好市多韩国分公司的一次商业聚会之后。

那天晚上的汉城大酒店，几乎云集了整个韩国最为知名的传媒领袖。我们举办了一次耗资不菲的推广活动，并有一个团队为此付出良多。我们需要公关传媒的关系，为下一步的计划打下坚实的基础。

会上，有一位名叫金相实的陌生人给我留下了他的一张名片。他是那场聚会中的一个“无足轻重”的小人物，在会场多达几百人的来宾中，几乎没有人注意到他的存在。他待在小角落中，身边有一个姿色平凡的女伴相陪，偶尔闲聊几句。当我走过他的身边时——我注意到他是一位被我们的工作人员冷落的客人，我特意端了一杯酒，装作正好路过的样子走过去，然后在他的身边停了下来，举起杯，对他笑了笑，以示主人的关照和基本的礼貌。

我说："先生，干杯，欢迎你来到这里，希望你度过一个愉快的夜晚！"

他略感惊讶，凝视我一下，然后举起杯子："啊，谢谢您，泰克先生，我差点以为这只是一场私人聚会，正觉得索然无味呢。"

我更感诧异："为什么有这样的感觉呢？"

他耸耸肩，笑道："可能对于部分人而言，是这样的吧，也许这里不怎么热闹。"

我明白了，这是我们的失误。确切地说，是我们的公关人员"嫌贫爱富"的等级思想在作怪——后来的事实证明，这种想法差点儿毁掉我们的计划。人们总是盯着脑袋上的"帽子"，重点招待那些来头很大的人物，对于无名气无资历的小人物却冷眼相看，只当做蹭饭的食客简单应付了事。

或许金相实先生从一进门开始，就体会到了这种强烈的慢待。他可能想："我来到这里干什么呢？谁知道我是什么样的人呢？对面镁光灯闪烁，对着大人物们拍个不停，那里自成一个圈子，俨然一个等级社会吧！像我这样的人，是被当做小人物扔到角落自生自灭了吧！"

我向他表达了歉意："对不起，先生，这是我的失误，但我保证，这是最后一次。从现在开始，您就当这里是您的私人客厅，我们会给您顶级的氛围和享受，您可以像主人一样随意了。"

"没什么，时间到了，我该回去了。"

他很不在乎地告别，然后，在我的请求下，他与我交换了名片。他的名片上面很简单地写着：金相实，财经顾问。

"啊，您是一位财经专家，希望以后有机会向您请教！明天我可以给您电话吗？"

他笑道："当然可以，我乐意接听任何人的来电，再见！"

然后他带着女伴离开了会场。其后的两个小时内，我对这件事逐渐失去了印象，并没有放在心上。但是当重要人物都散场后我们召开工作盘点会议时，一个关键的信息却摆到了我的面前。

助手轻声地对我说："老板，我听一位客人说，他看到了KBS（韩国最大的广播电视台）股东的一名财经顾问来到了会场，但是不久就离开了。"

"名字？"

助手摇摇头说："对不起，他是一个姓金的人，这方面没有太详细的信息。"

是那个叫做金相实的长相普通的年轻人吗？他竟然是KBS电视台董事会一位重要股东的亲密联系人？那么就是他了！而在今天的宴会中，他是与KBS有关的唯一到场的“关系”。我顿时如获至宝，却又非常沮丧，对我的助手说：“假如一周内我们的广告不能够在KBS签下播出合同，那么我们今天对于金先生的慢待，将成为好市多公关部门的集体耻辱。”

次日上午10点，我忐忑不安地拿起手机，拨通了金相实的电话。电话响了很久才接通，传来的果真是他的声音，他很慵懒（我据此判断他正处于闲暇之中）：“哦，是泰克先生？您有什么事吗？”

我谨慎地运用词汇：“金先生，鉴于昨日招待对您的轻慢，我想今天当面向您致歉，并有一事相求，不知可否给我一个机会？”

我知道，在这种情况下，如果只是道歉，效果将会了了——对方肯定会接受你的歉意，并表示没什么关系，但也只能到此为止，再见面的机会是很难获得的。因此，我主动提出有事相求，这等于将我的姿态放到最低，将金先生置于一个“如果拒绝就显得过于冷漠”的境地，并且暗示他，有件事非您不可，显得他特别重要。

果真，金相实哈哈一笑：“泰克先生，您不必如此客气！有什么事是您解决不了的吗？好吧，我今天正好有些时间呢，那就下午3点见？到时电话联系吧。”

下午3点半，我和他一起喝了杯咖啡，然后直接谈到了我们的项目。他迟到了半个小时，但我认为这是“我应该受到的惩罚和慢待”。我没有绕弯子，也没有计划要经过几天的时间再去攻陷这座城堡，而是开门见山，直截了当。这反而改善了我的形象，金相实对我的坦率表示有好感。说实话，每个人都喜欢做事直接而又高效率的人。他帮助好市多打通了渠道，通过他的关系，我们接触到了KBS的大股东。

谈判很顺利。一周之后，好市多公司与KBS签订了一项年度广告合同大单。我想，如果当初我“放过”了那个想法——我没有端起酒杯走过去，而是犹豫一下就去做了别的“看似更重要”的事情，那么我们就很难在短期内取得如此迅速的进展了。

这正是李维文先生提出的六度人脉交际的理念反映。看起来我们与目标人距离甚远，似乎不可能存在交集。但假设我们能把握其中一个重要的节点，就能很快地建立起与重要人物之间的联系通道。这就像时空旅行，我们与仙女座相距250万光年，即便你以光的速度从地球向仙女座直行，也要在250万年后才能到达。这很恐怖，因为人类的历史都没有这么漫长。但是如果你将宇宙看成一个由六维度的空间构成的系统，你能在这个空间中找到一个虫洞，通过这个虫洞，就可以瞬间越过空间和时间的巨大差距，以最短的时间——也许只有几秒钟就能够到达仙女座的轨道。你只是走了一张薄纸的距离，这比伸手摸一下自己的脑袋还要快。

这并不神奇，而是可以实现的事实。一切能够实现的东西，实质上都是一种正常的理论和行为逻辑的总结，只不过我们平时并没有发觉，或者不会运用。

在六度人脉理论中，李维文说，地球上所有的人都可以通过五层以内的熟人链与任何其他人联系起来，任何人与一个陌生人之间的距离都不会超过六个人。

事实上，在实际的运用和人脉的交织中，这个间隔会更短，人们在各个大小不同的角落中都能进行彼此之间的需求供应，像一张无所不达的网络一样，每一个节点都可以让你直达目的，每一个擦肩而过的陌生人都有可能是你的第六度人脉。

对于每个人来说，六维度的人脉奇迹都广泛地存在于他的生活之中。即便这个人生来没有"富爸爸"，也没有过硬的背景，他仍旧拥有改变命运的关键机会，只要他从现在开始——从懂得了六度人脉的这一刻开始行动，依靠自己的诚意、努力和善于发现的眼光，逐渐累积自己的人脉库，用自己良好的沟通能力去寻找和建立自己的人脉圈，增加人脉竞争力。他将在这个世界无所不能！

六维度的人脉世界，简单地说就是构建一个属于自己的强大的人脉圈。这个圈子并非一个堡垒分明的派系，也不是一个守卫严密的阵营，而是一个开放性的社交系统。你拥有了这样的圈子，就对自己的命运产生了决定性的推动力；但如果你没有，你就很可能仍然做你的孤家寡人，像我可能会错过金相实的鼎力相助一样，错失了一个"不起眼"的人脉节点，让事业遭受致命的难以挽回的损失。

在构建六维度人脉库的过程中，最重要的能力就是沟通。正如李维文先生所讲的："只有拥有一种自信和开放的沟通能力，才能建立自己的人脉圈。无论面对什么样的情况，他都可以从容不迫地进行公关和解决各类问题，赢得对方的尊重与认可。”

在本书中，李维文先生详细地向我们讲述了六度人脉开拓中的沟通方法的妙用和奇效，告诉我们沟通是如何帮助人们建立良好的交往心态、打通人脉节点和拓展自己的人脉资源的。它能不断地提升你的人脉层次，使你在拥有好人缘的同时，处处争得主动。

我相信，当你读了这本书，在属于你的关系的舞台上将可以如鱼得水，坐拥成功！

人脉的投入产出法则

Part 1

人脉资源就像我们的一种生财工具。经营得当的话，可以让你一本万利。不过，一旦处理不善，也有可能一夜破产。虽然人脉资源并不能直接转化为财富，但它是一种潜在的无形资产，是一种潜在的源源不断的无穷财富。

◎人脉经营中的经济学智慧

我们做人和做事的过程，是一个经济投入与产出的过程，这就是人脉投入产出法则的计算前提。如果你不费吹灰之力就能做成一件事情，那么你就是一位投入成本很低但收益很高的人。但如果相反，你费了很大的工夫，最后却一无所获，则等于做了亏本的生意，效益分析的结果就很差。

每个人都希望自己在人际关系方面达到低成本和高效益的境界，可是怎么做，才是最有效的呢？如何才能事半功倍呢？

方法当然有很多，人脉资源就像我们的一种生财工具。经营得当的话，可以让你一本万利。不过，一旦处理不善，也有可能一夜破产。虽然人脉资源并不能直接转化为财富，但它是一种潜在的无形资产，是一种潜在的源源不断的无穷财富。

在六度人脉开拓的过程中，处处都凝结着经济学的智慧。朋友就是资源，一个朋友就是一份资源。那么我们的朋友越多，所拥有的资源也就越多。在进行资源配置的时候，我们就需要让其达到最优化。每一个人都有自己的资源优势，而人脉就是这样一种能够用他人的优势弥补自己的劣势的资源，也就是所谓的资源互补。

明白了这个道理，我们就能充分地协调资源，扬长避短，达到投入产出的最优化了。

★最近的路不一定是最有效的

有时候我们要去一个地方，计算距离的时候大都考虑直线距离。地图上两点之间直线最短，你说：“呀，这样最近了。”但真的走起来你会发现，两点之间的直线无路可走，只能绕着前进才能找到那条最近的路。

两个人之间怎么样才是最近的距离？看似直接的方法是不是就最有效果呢？通过我们的研究发现，结果往往是相反的。所以当有人问我：“我如何才能跟他搭上关系？”我经常回答他：“你先后退一步，找一条曲线，再去接近你的意中人，因为最近的路不一定是最有效的。”结果发现，那些想抄近路的人，却往往碰得个鼻青脸肿。

这条人脉理论的分析就是：两点之间的直线虽然距离最短，但阻力有时也最大，于是这条直线就成了最远的路径。

因此，我们为什么不选择那条虽然绕了一点弯子，却能更快地到达目的地的线路呢？

绕过了障碍，就能出其不意地到达目的地，有时可以为我们节约最大的成本，既节省了时间，又能展示你在人脉公关中的不凡的谋略。这和我们在六度人脉课程上讲到的战略是一致的。

同时，这是一种在人脉和营销中都通用的公关谋略。不但在人际关系中适用，在商业营销中，它也是十分有效的手段，通常被一些营销高手采用并取得奇效。

日本的丰田公司就常常使用这一招，在开发新产品之前，他们总是先从解决城市汽车和道路的矛盾入手。比如，他们先成立了“丰田交通环境保护委员会”，调查和研究城市交通的现状，并在东京车站和品川车站修建“人行道天桥”，投资三亿元建立电子计算机交通信号系统，使交通拥堵现象得到缓和。

从表面看起来，你会说，丰田的这些行为似乎和新产品的开发没有任何关系呀，他们想干什么呢？愚蠢的“直接主义者”对此百思不解，还会嘲笑丰田公司在花冤枉钱打水漂。但是，它的独到之处在于使用了一种曲线进入的经营策略，因为这一行为为汽车工业的发展扫清了障碍，为新汽车的开发创造了良好的条件。

我在培训课上对此的总结是：“当你想多卖掉一千辆汽车的时候，就为这座城市多修十条路。”

同理，当你想结识一位大贵人时，你首先要做的并不是递上你的名片，而是为你们之间的相识创造一种氛围和机会。

★成功需要的是最有效的通道

日本的世界级企业索尼公司，用一种别出心裁的办法来宣传自己的产品：

有一名美国游客去日本玩，他在东京的一家百货公司买了一台索尼公司生产的唱片机。但是回国后，他发现这台机器漏装了一个不是太重要但很有必要的零件。第二天早晨，他打算找索尼公司算账时，却在临出门前接到了索尼公司打来的道歉电话。

一个小时后，索尼公司的副经理登门道歉，除带来一台新的合格的唱片机，还赠送了一份蛋糕和一张著名的唱片。据说，索尼公司已经在大洋彼岸打了五十多个紧急电话寻找这位顾客。

这个消息一传出，索尼公司声名大噪，产品的销量更是节节攀升。

索尼公司在产品营销谋略上运用的就是一种曲线公关的战术，它故意制造这次事故，用意就是要通过事故的处理来制造能引起注意、轰动的新闻，借此来突显自己的质量观念和服务意识，并且扩大自身的知名度。

可以说，这种方法，起到了任何广告都无法达到的绝佳效果。当然，这样的策略或许是有风险的，属于出奇制胜的范畴，但不得不说，它一旦奏效，产生的正面的营销效应是别的方法无可匹敌的。

我一直认为，任何一个人想要成功，需要的不是最直接的方法，而是最快和最有效的通道。

在人脉场上你也会发现，自己面临的形势也是如此。比如你要到一条河的彼岸，最快的方法就是走一公里远，从一座桥上绕道过去，估计没有人会说：我不要那样做，我要直接游过去。不然，你游游试试?

还记得以前有一次我在纽约打车，出租车司机问我：“先生，应该怎么走？”

当时我着急赶时间，急忙答道：“请帮忙走最近的路，我着急。”

司机笑了笑，回答说：“先生，最近的路不一定是最快的路。你想想，最近的路一定是大家都熟悉的便路，大家都把车往那儿开，肯定会很堵。”

人际关系的沟通正是如此，既然直接的方法行不通，我们就只能沿着一条曲线，虽然看似麻烦，却投入最低，得到的回报也是最大的。

◎只投入最低的成本

★建立六度节点：利用人脉的辐射效应

亚历山大·福特是一名非常有成就的企业家，他认为，把工作做细是吸引行业人脉的关键，所以他最关注的是行业人脉。

亚历山大·福特刚开始创业的时候只有12位客户，他知道这12位客户带来的资源毕竟是有限的，它不会让自己创造辉煌的事业。这样下去的结果只有一个，那就是自己的事业将寸步难行。

他想："我有12位客户，那么意味着我这12位客户中的每一个客户都有12个朋友。假如这12位客户都愿意为我作介绍的话，那么我就会有144位客户。服务好这144位客户之后，假如这些客户都愿意继续为我作介绍的话，那我就有1728位客户……"

亚历山大·福特认为，百万富翁一般与百万富翁在一起，亿万富翁一般与亿万富翁在一起。朋友之间的差距都是不大的，这其实也是行业人脉容易接近的关键所在！亚历山大·福特就开始思考，该如何利用自己的行业人脉，又如何让这些客户利用自己的行业人脉为他作介绍呢？

后来，亚历山大·福特采取了请客户吃饭的做法，但他在饭局上从不谈介绍客户的事情，只谈自己的事业。比如，他会说自己在事业上付出很多，讲自己的创业体会，使对方对他产生敬佩的感觉，让对方知道他创业不容易，想帮他一把。在和对方混熟之后，亚历山大·福特才会对对方提出一些要求，比如他会问："你有没有朋友需要我们的产品？我们的信誉你已经很了解了，那么你能不能帮助你的朋友也认识我们的产品呢？”

在这方面，亚历山大·福特有一句非常经典的总结，他说：“我发现不断地开发客户很重要，对我们公司发展的推动作用也很大。”正是基于这个原则，亚历山大·福特不断地找到新的客户群体，不断地做大自己的事业。他的方法恰好是一种整合人脉资源的非常有效的办法，利用人脉的辐射效应，不停地使自己的影响力向外扩散，这正是六度人脉的最大价值所在。

★请说敬语：最实惠的投入

有一位叫做波尔的学员问我：“如何才能投入最低的成本，换回最大的收益呢？”

我问他：“波尔先生，你的经历是什么，可以拿出来与大家分享吗？”

波尔讲到了他自己的遭遇，他认为在人际关系的处理中，自己付出很多，但收获少得可怜。具体来说，他为邻居做了很多事，比如修漏雨的房顶，接送孩子，甚至在邻居遇到大麻烦时，义无反顾地借给他们钱。

“但是，我发现在我需要他们的时候，我得到的帮助很少，邻居刻意躲着我，他们似乎觉得我是一个不值得相信的人，这让我非常伤心，我问心无愧，却被误解。”

啊，这真是不幸的经历！波尔先生如果真是一位像他所言的处处为邻居着想的人，得到这样的对待真是很不公平。可是，他自己在这件事当中难道就没有一点儿责任吗？经过调查和访问他的邻居，我了解到了“真相”：

波尔是一个从来不会说敬语的少言寡语的人！

邻居霍芬太太说：“波尔先生，我想他是一个有趣的人，他的生活很神秘，对我们大家都很大方，但他真的……让人难以接近，我们不知道他的职业，也不清楚他的银行信用。甚至有一段时间，我们怀疑他是俄亥俄州警方正在通缉的一名连环杀人凶手。”

问题竟然这么简单，波尔在他的生活中从来不会说一句客气的话，即便他在帮助别人时，当邻居向他道谢或邀请他到家吃饭时，波尔的反应仍是一语不发，调头就走，尽管他的心中热情如火！于是，邻居们对他并不了解，反而心存芥蒂。

美国佛罗里达州州立大学的研究人员开展的一系列研究表明，就算你只会说一句简单的“谢谢”，这对于致谢人和被感谢的人都有极大的好处。因为这能让表达感谢的人觉得自己考虑到了对方的感受，进而能够增进人际关系，让双方都从这简单的一句话中感觉彼此拉近了距离，这恰好是最小的也是最卓见成效的投入。

后来，我们为了弄清“必要的寒暄之语”究竟是如何促进人际关系的，为此开展了三项不同的研究：

在第一项研究中，我们对华盛顿的137名大学生开展了一项关于他们对朋友或情侣表达感谢和歉意的频率的调查。结果显示，他们觉得，说一些这样的话语，能让双方更进一步地看待相互之间的关系。

在第二项研究中，我们询问了一共218名该校的大学生，他们认为，说一些尊重和感谢的话，让他们感到双方的关系更加紧密和互相信任了。

在第三项研究中，我们将参加调查的75名男性和女性随机分为四个小组。在三个星期的时间内，一个小组向朋友表达感谢；另一个小组对朋友心怀感激；第三个小组只考虑日常的活动，就像波尔一样从不讲究这些敬语的使用；第四个小组则与朋友进行积极的互动。在研究结束时，我们发现，说“谢谢”或“对不起”的小组相比其他的小组而言，小组成员之间的关系更为牢固。

显然，我们的这些具体数据表明了一个道理：当你表达对某人的感激之情时，你会注重这个人为你所做的好事。这让你从一个更为积极的角度来看待他们，让你更多关注他们的好品质。反过来说，当你表达歉意或者接受别人的道歉时，你和对方都能进一步地体会到你们之间的关系是多么美好，从而在心理上建立一种互信。

那么，当这种关系随着彼此的信任更加牢固时，双方都会认为值得为对方作出一些牺牲，而且也确实值得对其鼎力相助，从而形成一种良性的循环。

毫不客气地说，人际“最低成本”无法用金钱来进行衡量。它是出于心理上的安全感，有时仅仅用一句话——可能你觉得毫无必要的一句话就能实现。

波尔如果可以敏锐地体察到“友好表达”的重要性，他在邻居中间建立的形象一定是伟大光辉的，因为他是这么一个乐于助人和心地善良的人。

◎怎样迈出第一步

★学会以感情开路

当你开始了解六度人脉的真谛，并决定迈出第一步的时候，首先要明白的不是如何迅速找到最重要的第六个人，而是要懂得交际的最低成本，体会人性的弱点：感情。

对于一个人来说，财富或机遇通常只是他人生的必需品，但不是最核心的部分，只有感情才是他的身体内最脆弱的一部分，是别人最容易攻破的一道防线。所以，你只要抓住了人的这一特点，你就可以动之以情，晓之以理，以和风细雨般的方式达到预期的目的，这样的成本往往是最低的，同时也是我们迈出第一步时首先要考虑的交际支出。

只要你懂得以感情开路，无论在什么时间、什么场合，你都能收到良好的说服效果，在对方的眼中留下一个好的印象。

在一般情况下，以感情的方式走出第一步，我们可以将敏感的问题晾到一边，先从彼此都关心的问题下手，这样能营造一种宽松愉悦的气氛，使双方心平气和地进行沟通。

有效的沟通最重要的就是消除对方的心理屏障，在双方之间搭建起一座心灵之桥。

总的来说，人终究还是需要一种安全稳定、互相依恋的感情作为彼此关系的支撑。从生理学的角度看，人际之间的联络就像细胞之间的营养液，其中主要的组成部分就是感情。你和一个人建立了一种关系，就必须用感情将你们之间的空间慢慢地填满。然后，你们才能谈到利益。这是最稳固的人脉，能够经受住最为剧烈的冲击，承受得起困难的磨炼，也能经得起时间的考验。

在做人方面，我们第一当然要讲原则，第二就要讲感情，第三才是即时的感觉。为什么这么说呢？为什么要把感觉排在最后一位，而把原则和感情排在最前面？这是因为即时的感觉通常是感性的，也是容易获得的，如果过度重视它，则容易把我们带入死胡同。

感情通常也可以解释为“情义”，有原则的感情，对于人际关系来说相当重要。比如我们都知道，出卖朋友是不允许的，人与人之间要适当地讲义气。虽然社会交往讲究相互性、互利原则，但是互利并不光指利益的庸俗的交换，互利原则也不是让我们去做一个势利的人，去只重功利，不重感情。

你要知道，互利原则同样包含感情的联络与沟通。每个人都是有感情的动物，人与人之间，虽然有利益的分配关系，但不是赤裸裸的金钱利益的关系。有时候感情的联系，相互之间在心灵上的同情和关注，其实更为重要。总而言之，重感情在人际关系的处理中，是一大准则。

★人脉公关的“第一步”心态

○真诚

真诚的态度是决定一个人做人做事能否取得成功的基本要求，我们必须抱着一颗真诚的心，诚恳地对待客户，对待自己的同事和朋友。只有这样，别人才会真正地尊重你，把你当做他的朋友。

○自信心

信心是一种源自内心的强大力量。我们必须在每天开始的时候，就鼓励自己。当你出现在交际场上时，有时你不仅仅是在销售你背后的商品，其实本质上，你也是在销售你自己。真正成功的人脉公关，都是让对方成功地接受了你，然后再接受你的目的。

被称为汽车销售大王的吉尼斯纪录创造者乔·吉拉德，曾经在1年中零售推销汽车1600多部，平均每天将近5部。他去应聘汽车推销员时，老板问他，你推销过汽车吗？他说："没有，但是我推销过日用品，推销过电器，我能够推销它们，说明我能够推销自己，当然也能够推销汽车。"

就像乔·吉拉德，他之所以能够成功，就是因为他有一种强烈的自信。他相信自己可以做到，所以他就成功了。

○要有韧性

人际关系的公关其实是很辛苦的，比如你作为一名销售人员，要不断地去拜访你的客户，去协调与他们的关系，甚至你要跟踪消费者，为他们提供服务。所以，人脉场上不会总是一帆风顺的，甚至会遇到很大的困难。这就需要你有解决问题的耐心和百折不挠的精神。

○具备良好的心理素质

只有具备了良好的心理素质，你才能够正确地面对挫折，在困难面前不低头不气馁。因为你在人脉场上面对的每一个人，他都有不同的背景，也有不同的性格、处世方法，这就决定了你们之间会产生一些争议或矛盾。当你受到打击时，要能够保持平静的心态，要多分析对方，不断地调整自己的心态，改进自己的沟通方法，你才能够去面对一切责难。

○提高自己的交际能力

每一个人都有长处，不一定要求每一个人都在人脉场上八面玲珑、能说会道，但一定要多和别人交流，培养自己的交际能力。我们要尽可能地多交朋友，这样就多了许多机会。要知道，朋友多了路才好走，朋友也是资源。

我必须强调的是，只是拥有资源不会成功，要善用资源才会成功。你必须提升自己的交际能力，才能善用自己已经拥有的人脉资源。

○热情的态度

热情是具有感染力的一种情感，它能够带动周围的人去关注某些事情，渲染交谈的氛围，正面塑造你的形象。当你很热情地去和客户交流时，你的客户也会“投之以桃，报之以李”。当你在路上行走时，正好碰到你的客户，你伸出手，很热情地与对方寒暄。也许，他已经很久没有碰到这么看重他的人了，或许，你的热情就促成了一笔新的交易，就帮你认识了一位新的朋友。

○提高和加宽自己的知识面

我们要和形形色色、各种层次的人打交道，那么你就应该知道，不同的人所关注的话题和内容是不一样的。你只有具备了广博的知识，才能与对方有共同的话题，才能谈得投机。

因此，在平时我们就必须作好准备，要涉猎各种书籍，无论天文地理、文学艺术、新闻、体育等，只要有空闲，就要养成不断学习的习惯。

○要有责任心

我们的每一种言行举止，都代表着我们自己的形象，或者代表着我们背后的公司。如果你没有责任感，那么对方肯定不会看重你，这不但会影响你自己的形象，同时也会影响你背后的公司的形象。无疑，这对你的人脉品牌，会形成很大的伤害。

有一家三口，他们费尽千辛万苦，住进了新房子。妻子见到丈夫和儿子不太讲究卫生，就在家里写了一条标语：讲究卫生，人人有责。

结果儿子放学回家以后，看见了这条标语，就拿笔把标语改成了“讲究卫生，大人有责”。

第二天丈夫又看见了，于是也拿出笔，把标语改成了“讲究卫生，夫人有责”。

经过这两次改动，充分可以看出他们两个人缺乏责任感，只想诿责于人。

我们只有负起自己的责任，才能迈出第一步。一个没有责任心的人，就算带着再大的诚意，他也很难被别人接受。因为责任心就是一个人的信誉，所以也决定着我们的人脉前景。

◎如何走进对方的内心

在话题的选择上，我们不要让对方有被灌输、命令和操纵的感觉，如果对方有这样的感觉，就算你费尽了心机，也是不会有成效的。在交流和沟通中，话题的选择是人们的第一考虑要素，一个人会很直接地体会到“这个话题对我来说是舒服的还是难受的”，就像一名优秀的推销员会迎合顾客的需求，选择顾客最喜欢的话题来作为切入点一样。

人们在交谈时有一个常见的现象，通常是由开始讲话的人选择一个话题，然后双方或大家围绕这一话题各抒己见，再慢慢地转向另一个话题。如果选择的话题能被大家接受，双方的谈话就会很顺畅地进行下去。如果你选择了不适宜的话题，引不起大家的兴趣，没有人作出反应，你发起的这场交谈就宣告失败了。

当然，有时候你可能拥有让人畏惧的权势。你是一家大公司的高管，政府某部门的高官，或者你拥有很多钱，这样你能使别人不得不坐下来听你讲话，无奈地听你讲述各种话题——全都是你自己感兴趣的东西。可是，结果又会怎么样呢？人们可能会假装在用心听你讲话，但是你无法强迫别人真正地去倾听。

有一些话题是非常不合适的，总的来说，不管在任何类型的沟通中，它们都是通用的：

只与谈话者自己有关的话题：有些人谈来谈去，总是围绕着自己的生活。他只对自己感兴趣，是一个表现得极度自私和自恋的人。也许开始的时候人们还有兴趣听一听，但是时间久了，人们便失去了兴趣甚至躲着这样的谈话者了。这样的人出现在哪里，哪里就是空荡荡的一片，没人愿意靠近他。

关于一些禁忌的话题：比如夫妻关系、家庭成员之间的矛盾、不愿谈及的疾病等。比如有的人不愿意别人打听自己的经济来源或者经济状况等。这样的话题是谈话的大忌，即便谈论自己的这些禁忌，也不是旁人愿意听到的——除非你想将自己当做一名小丑，让你自己成为他人茶余饭后的谈资和嘲笑的对象。这些话题最好不要触及，除非对方主动提及，而你也乐意替他出谋划策。

那些根本无法继续下去的假话题：有些事情只能说一遍就要闭嘴，比如“天气怎么样”，如果你用这个话题来开始你们之间的谈话，你会发现对方根本没有什么话来回应你。如果你发现周围的人不愿意与你进行交谈，可能你就要检查一下，自己是不是说错了什么话题，是不是讲到了对方不感兴趣的或者毫无讨论价值的事情。

你可以就这一方面进行一次全面的自检，方法如下：我们以一个星期为限，尽可能地记下自己与人交谈时所选择的所有话题，把它们统计出来。如果你发现有的话题不停地重复出现，就在话题的后面记下出现的次数。

这样，你就得到了一张你选择的话题的清单。然后，我们仔细检查那些出现次数较多的话题，再问自己两个问题：

1. 如果别人总是跟我谈这样的话题，我想不想听？

2. 如果不想听，又是因为什么呢？

我们在沟通时应该选择什么话题呢？

我们应该如何走进对方的内心，让他打开自己的心门？

一种普遍有效的话题，是鼓励并倾听他讲一讲自己的奋斗发展史。

有时候我们对于对方并不了解，比如当我们与陌生人进行交际时，我们有深入了解他的需求，而他也有表达自己的愿望。所以，了解他的过去最好的办法，就是让他讲一讲自己的人生中最艰难的一段历史。

我们要谈一谈能够勾起他回忆的话题。

特别是对于一些有钱人或有所成就的人来说，他们都有一个通病，就是最喜欢讲过去的生活如何艰辛，奋斗的日子如何难忘。在这个时候，你要做他的一个很好的倾听者，一边听，一边发表你的感慨，并且竖起大拇指告诉他："你真不容易，你有今天，我很佩服你。"

这是你了解对方的一个好机会，你可以从中得知他是做什么起家的，现在的状况如何，这么辛苦的目的是什么，现在的现金流怎么样，和家人的关系怎么样，家庭和孩子的情况怎么样，等等。

你能够从这样的话题中掌握非常详细的信息，判断他的为人，然后设计更好的交际路线，采取更适合你们的交往方式。通过这样深入地交谈，其实你已经不需要提什么问题了，完全可以掌握对方的情况，并拉近了你与他之间的心理距离，建立了一种有着互信基础的同理心。

然后，这就是你们之间人际关系成功建立的开始。

避开六度人脉的“陷阱”

Part 2

我们中的大部分人都在试图以利动人，用“好处”去打动对方，而忽视了说服对方的过程，对于利益之外的因素充满了漠视。失败者永远不汲取其中的教训，这是因为他们不懂得，虽然利益对于人脉公关来说至关重要，每个人都需要从人脉当中获取实质的利好，但它的谬误之处，在于不懂得赤裸裸的利益应该用温情而理性的方式进行包装。赤裸裸的利益诱惑，只能让人与人之间的关系陷入功利的陷阱。

◎利益公关的谬误

“当你要说服对方时，你想到的第一方法是什么？”

许多人都回答我：“当然是让对方明白这样做的利益啊！”

学员奥非特曾向我讲述他的人脉的原则和沟通的过程：“我在戴尔公司工作了11年，我与客户打交道的原则是一切以合同为准。我希望达成协议，并且严格遵守这一信条。我能提供什么，你能回报什么，这是我考量的标准。”

奥非特后来遇到了大麻烦。他与南美地区的一位客户发生了协议纠纷，希望就具体的条款再次进行沟通。但是，客户拒绝了他，理由是：“我不想跟一个满嘴金钱味的人讨论什么合作。”

虽然进行了数次电话沟通，但他无一例外地遭到了冷漠的待遇。奥非特这时才发现，这位客户喜欢交朋友，而不是只做生意。“他非常希望在工作之外建立一种朋友式的关系，可是我没有满足他的心愿，所以，我的不知变通的僵化态度给戴尔公司带来了几百万美元的损失。”

在日本，我也遇到过另一位学员。他是松下公司的一名市场部经理，他经常在跟客户打交道时着重提到“回报”的价值。比如，他精心地计划自己要投入多少成本，会得到多大的收益，然后严格地按照这个标准去采取行动。他觉得只要能让对方得到利益，对方就一定会满足自己的要求。

可是，他很快发现，并不是所有的人都看重这一点。当他与韩国一家进口商的代表进行谈判时，双方已经达成了初步的协议，他认为合作已经完成了，自己就没有必要再进行投入了。因此，当对方的代表在晚上约他出来一起吃饭时，他找了一个借口推托，并且说：“我们只要把合作搞好就行了，我实在没有兴趣陪您去夜总会唱歌，等下次合作时我们再去吧。”

然后发生了什么呢？当这位市场部经理第二天走进公司时，他被告知：合作取消了。那名韩国人一大早就让自己的手下通知松下市场部说：“等下次有机会时，我们再合作吧。”对于最看重利益交际的这名经理来说，这真是一次无情的讽刺！

这就是现实：我们中的大部分人都在试图以利动人，用“好处”去打动对方，而忽视了说服对方的过程，对于利益之外的因素充满了漠视。

失败者永远不汲取其中的教训，这是因为他们不懂得，虽然利益对于人脉公关来说至关重要，每个人都需要从人脉当中获取实质的利好，但它的谬误之处，在于不懂得赤裸裸的利益应该用温情而理性的方式进行包装。

赤裸裸的利益诱惑，只能让人与人之间的关系陷入功利的陷阱。奥非特如果不学会在人脉公关中突出“感情”的作用，他今后还会遇到这一类的门槛，并且很难跨越过去。

特拉帕托尼就用自己的童年故事来解释紧张而关键的足球生死战。一次在赛前的新闻发布会上，老帅讲起了自己的一个童年故事：“我小时候的邻居是一个孤寡的老人，他的儿子都在战场上牺牲了，自己也断了一条腿，但是我从来没有问过原因。他最大的爱好就是拉小提琴，我几乎每天都能听到他的演奏，我还经常看到他一瘸一拐地去教堂教唱诗班的孩子们演奏。”

正当大家陶醉在这一故事中时，特拉帕托尼突然说：“我对那个老人非常尊重，但是我希望本周末我的球员不要向他学习。如果我们把这场比赛看成是一场轻松的比赛，也想去球场拉拉小提琴，那么我们也会像他一样，拄着拐杖回家。”

他的话体现了西方人惯有的幽默感，他将这场比赛输赢的重要性借用童年的一个小故事表达了出来。如果他只是直接地将其平铺直叙地说出来，队员可能就会很不以为意，因为教练这种惯用的说辞，他们早就听烦了。

可是，这一比喻就把问题的重要性表达得极为生动，而且很幽默，既达到了“利益”的目的，又可以让他的球员得到某种非功利的“精神享受”。明明这场比赛的最大好处是基于结果的胜利和奖金，但教练并没有单刀直入，而是抛开利益大谈情感，以激发球员的战斗精神。

也就是说，表达情感比利益更加重要。

比如一家成功的公司，它往往会以自己的企业价值观和理念去引导和激励员工，而不是赤裸裸地使用金钱和物质诱惑。如果我们查遍全世界所有的商业案例就会发现这一点，没有一家成功的公司是靠金钱的作用来激励员工的，他们的企业文化全都是非功利的，将世俗的收获进行了完美的包装。不但激励了自己的员工，也在不断地征服自己的客户。

从各种角度作万全周密的思考，对我们来说，是一种最好的思考方式。因为如果只是从某个角度看一件事情的话，容易判断错误，甚至招来惨重的失败。“利益”固然是一种极为有效的吸引力，但如果你的眼中只有利益，你的身上就等于被贴上了唯利是图的标签。

有时候，我们换个地点、换个角度，就能看得更清楚。所以你在思考利益的同时，也不要忘了跟随利益而来的害处。总之，对利与害作周密思考是绝对有必要的。利益交际需要打上漂亮的包装，不可赤裸裸地暴露在外。事事用钱开道，或者用“能得到什么”作为判断标准，对我们来说只会有害无益。

这样的人我们在生活中显然能看到太多，他们既势利，又不懂得尊重人，不讲感情，没有同情心，甚至连起码的礼貌也没有。说得严重一点儿，他们大多没有教养。

在将“利益公关”奉为信仰的人的眼里，全世界的人，只有官大官小、权大权小和有用没用之分。他们目光短浅、鼠目寸光，喜欢门缝里看人，不懂得三十年河东、三十年河西之理。他们只喜欢临时抱佛脚，现求佛爷现烧香。

这种人令人痛恨，也让人看不起。没有人愿意跟他们打交道、做朋友。如果你对他们作一次长期的观察，你会发现他们表面深广的人脉最终都会失去，因为他们交朋友只是为一己私利服务，如果他们所巴结的人没有可用之处了，他们就会像对待穿旧的破鞋一样把所谓的“朋友”扔到垃圾箱里，再也不想看一眼。

当然，他们自己得到的待遇，也与此没有什么区别。

◎“弦外之音”的沟通考验

★“我的真实意图是什么？”

跟在别人后面走的人，永远不会成功。同理，那些无法真正地领会别人的话中真实意图的人，他们在人脉公关中也难以真正地获得突破。

许多人通常都是“话里有话”——包括我们自己。这就需要你仔细地去辨听，特别是当你和一些重要人物沟通时。有时客户说“想再考虑一下”，其实是在拒绝你的进一步沟通，但有时（在不同的语境和环境中）这是一种对于你的要求的肯定和满足，是表示合作成功的意思。如果你判断错误，你就掉进了自己挖好的坑里，后悔莫及。

当然，在职场中这一原则更为需要。对前来参加六度人脉培训的学员，我们进行了一次“目的调查”，有超过78%的人是希望自己在工作中与上司和同事搞好关系，他们感到职场中的人脉太重要了，其中要害就在于“如何领会对方话中的真情实意”。

因此，人们迫切希望让自己具备洞悉对方内心的本领。每个人都知道，如果自己能够很好地领悟上司的“话”，那么就会省去很多不必要的规则，加快自己在工作中晋职加薪的步伐。

另外，在生意场上，如果你能领会客户的弦外之音，则会让你更直接地理解对方的意图和目的，从而帮助你与客户更快地实现合作，达成协议。就像我们之前提到的，客户不一定会将真实的意图明明白白地告诉你，他们往往会绕一些弯子，来考察你的洞察力——这恰好是谈判中非常必要的一种手段，客户要看一看你是不是一个聪明人，要给你的交际能力打分，进而判断你们之间的合作是不是很有必要。

在培训课上，我说：“假如客户认为你是一个理解力糟糕透顶的笨蛋，他是不会放心地将一笔五百万美元的生意交给你的。”

假如你是一个生性淳朴、不擅长判断对方隐藏在表面的言辞背后的“意图”的人，那么你必须在自己每一次的经历和尝试判断之后进行总结，看看自己所理解的弦外之音是否和对方真实的意图一致。

一个聪明的人，他必须听懂、透彻理解上司和下属的每一句话；他必须能够听出客户的真实心声，然后迅速地回应这一需求，才能获得对方的理解。

如果你想避免掉进误解对方的误区，那么，任何人话语中的重点和含义你都必须很快判断出，继而展开正确的行动，你就一定能够在自己的人生中如鱼得水，为你的人脉打下厚实的基础，创造出属于自己的事业。

★把话说到对方的心里

我们只有善于捕捉一个人的弦外之音，对别人察言观色，才能把话说到他的心里。许多人都认为，只有中国人才讲究含蓄，其实全世界的人都具备这个特点，并非人们想象中的“白人特别直白”。特别是在讲话的时候，人们要表达什么意图往往不会直接说出，而是会迂回委婉地讲出。我在国外的十几年所总结出的经验告诉我，美国人更擅长此道。这要求你在与人沟通时，必须细心领悟与揣摩，如果你听不出对方的弦外之音，沟通将变得吃力。

这在各种沟通中，都表现得十分常见。

○朋友之间

比如有一位朋友，他背地里吃了你的东西，你发现后很生气，会嚷道：“是谁吃了我的东西！”朋友一听就知道你生气了，但他会这样说：“对不起，我刚才实在是太饿了，有空请你吃饭好吗？”

很简单的一句话，既没有直接说他偷吃了你的东西，又为自己挽回了面子，还维持了你们之间的友谊。他说他实在太饿了，就是他的弦外之音，意思是说他吃了你的东西，并希望你能原谅他。

如果你听不出来，反而去质疑他的理由：“你明明刚吃了饭，为什么这么快就饿了呢？我不相信。”那么，你们的关系就宣告破裂了，你就会失去一位朋友。

○夫妻之间

这在夫妻之间也是常有之举，即便亲密伴侣也要经常采取这种沟通。比如你的妻子星期日要去逛商场买东西，她会这样跟你说：“你星期日有事吗？我想去商场买一些东西。”这时你要理解妻子的用意，她说的重点既不是你是否有事，也不是去买东西，而是想让你陪她一起去，即使不买东西，只陪她逛一逛也可以。她需要的是“你陪她”，而不是“是否有事”和“买东西”。

但是，你若把她的话扔在一边，不加以仔细思考，就说你自己的事情：“我很忙，要加班。”“买什么呢？上周不是刚买了衣服和家庭必备品吗？根本没有要买的！”她会对你很失望。

○上司与下属之间

当你跟自己的上司谈话时更要注意，因为领导者的语言是最需要揣摩的，经常一语双关，很少直接告诉你怎么回事，或者他想表达什么。

比如你刚到一家公司不久，领导会找你谈话："某某，你到公司还没多久，工作成绩不错，以后有什么打算呢？"很轻松也是充满关心的一句话，却含有领导特殊的意图，他是在考察你的工作心态。你如果很坦率地说出自己的理想志向，领导会以为你过于幼稚而缺乏城府；你如果大谈自己与公司不相干的事业理想，上司会了解到你眼下只是把公司当成一个跳板，一旦有了机遇你就会远走高飞，根本不会为公司的长远发展而努力。

所以，这时你就应该谨慎地说："我想就目前的工作先干一段时间再说，以后再作打算也不迟。"对于上司的这种试探，你以这种含蓄的语言回答才是比较稳妥的。

○人们对你炫耀的背后

有些人当然喜欢炫耀，但他们的目的不同。比如，如果对方是在炫耀他那光荣的过去，向你讲述他曾经的成就，这时候你就要明白，他此时正在期待着你的夸奖和认可，希望获得你的敬仰和崇拜。所以，只要是认为值得或应该夸奖的，你不妨夸奖他一下。

当然，当对方在向你显示他的博学或者机智的时候也是一样，你也应该夸奖他，这样你一定能获得他的好感。不过，如果他向你炫耀的事情恰恰是你最近做过但效果不佳的，比如他说："这件事我早就会处理了，我在这方面最有经验。"你就要小心一点了，因为他的真意并不是让你赞美他，而是在讽刺你的"无能"，是在对你说："这方面，你根本就不如我！"

○当谈论他人的是非时

"是非"的话题极为敏感，背后蕴藏着的东西更加复杂，尤其需要我们谨慎对待。

所以，如果对方向你讲述另外一个人的是非，你千万不可随声附和，也不要直接打断对方的话，两者都不可取。你可以间接地将话题引开。你要懂得闲谈少论他人非，更要听出他言语的暗含之意。他向你说一个人的过错，不是在攻击那个人，就是在挑拨你与那人的关系；或者，他是在试探你的态度，想引你说出自己的观点和态度。假如你附和了他的观点，可能半小时后，你的表态就传到"被你批评"的那个人的耳朵里了，而且正是他传过去的。

因此，碰到这样的人，你要格外警惕，不要被对方的言语蒙蔽。一个喜欢说他人是非的人，他自己一定是最大的"是非"。

○听出特殊用语背后的真意

有一些沟通中的特殊用词，需要区别对待。比如我们在谈话当中，你要学会听出讥讽、嘲笑、挖苦之类的特殊语。对方之所以会向你说这种话，一定是因为对你感到不满才会这样的。遇到这种特殊的情况，你不要立刻反驳或者一味生气，最好不作出任何反应，权当没听见，免得和对方发生不必要的冲突。因为他是在激怒你，假如你因此发火，就上当了。

发生这类事情以后，你最好能自己检讨一下，为什么他会讥讽你、嘲弄你呢？是你自己做错了事情，还是无意中得罪了他，引起他对你的不满，抑或是对方无中生有来打趣你呢？考虑过各种情况，明白原因之后，再作出恰当的回应。

如果真的是你自己做错了事，对方已经为你指出，你就该及时纠正自己的行为，庆幸自己能交到这样的朋友。

★判断弦外之音的因素和标准

1. 当对方谈话的语气突然改变时，你要留意他是否有言外之意。

2. 对方的个别音调加重时，你要仔细揣摩是否有什么意图。

3. 当对方故意做出暗示的肢体动作或特殊表情的时候，你要明白他的真实意思。

4. 当对方突然停止谈话，你要领会对方的用意到底是什么。

5. 当对方认真地看着你并将一句话重复着说时，那么可以肯定，他一定是含有弦外之音了。

6. 谈话结束时，你要仔细观察对方有无特殊的举止。

7. 会议结束或者聚会散席前，我们对于对方最后的几句话要特别留心。

8. 对方想插话，欲言又止，你就要结合自己刚才的言语推断出他想说什么。

9. 当你不经意的言语引起对方的注意时，你要作一次事后的猜测。

10. 当对方欲言又止时，必要时你可追问一下下面的话。

如果你能够做到以上我所说的那些，对每一条都能充分地体会和加以训练，然后在实践中进行改进，你就会愈来愈觉得只要找到人脉沟通艺术的奇妙性，就能规避这一类的陷阱了。研究这些与别人交际时的对话，其实是一种很有趣的享受。当你能够听出弦外之音，并能巧妙地回应时，你就是一位交际高手了。

另外，在谈话过程中，音调突然增高或者突然变低，都证明说话者要强调他重要的言语，你要仔细倾听和琢磨；谈话者故意将音调压低、拖长、突然停止或停顿的时间稍长，这证明说话人想让你仔细揣摩他的话，理解他的话。

总之，音调的变化、语气的改变能体现一个人内心的动荡，反映出一个人真实的一面。只要我们仔细地揣摩，认真地分辨，再结合谈话时的具体情况，洞察对方的真意，就一定能收获更多，避免让自己出现理解的偏差。

◎威权式沟通是一把双刃剑

如果你不能引发双方的思考式交流，只是强硬地以自己的威权向对方灌输自己的观点，强制对方接受你的意见，那么对于一个人的改变和说服，是起不到任何作用的，而且还会让对方觉得你是个平庸和毫无智慧的人，甚至导致你的人际关系严重恶化。

面对沟通中的这个隐性炸弹，该如何处理成了重中之重。这就要求我们必须在说话时使用一些技巧，而且要纠正根本的错误：无论你的地位有多高，都要在与人的沟通中摆正位置，平等和引导式地去交流，才有利于对方发自内心地理解你，威权式的沟通只会引来人们对你的反感。

比如我们在与客户打交道时，诱导性的提问要比直接讲述所产生的效果好。因为在提问中，你可以发现顾客的购买意图，以及怎样让他们从购买的产品中得到他们需要的东西，让顾客对你的产品产生信任，从而使你的买卖成交。

“嘿，你必须买我们的产品，因为它先进、方便！其他牌子的产品都是垃圾！”

如果你这样告诉客户——就算你讲的全是事实，对方也会十分反感，而且万分怀疑。他们会想：“面前这个一脸凝重的家伙以为自己是老几呢？你说我必须买，我就得买吗？你凭什么如此振振有词地认定我需要这么一个玩意儿？况且，你说其他的牌子都是垃圾，我怎么能相信呢？你又没有证据。靠贬低竞争对手来获得我的好感，我可不想上当！”

于是，客户下定决心，转身离开。因为你的这种态度，可能他今后再不会光顾你的店面一次。

有时候，用一种“威权”的态度进行我们的人际沟通，当然可以起到有力的作用。当你是一位家长、老师或者需要展示权威的上司时，这种不容置疑的态度会给你带来很高的效率和长远的效果。孩子和学生在接受知识和道理时，一般都会对权威的意见表示认同；下属对于来自上司的命令，也往往会判断和体会你的“权威性”。综上三种，威权式和命令式的沟通方式，会让你的想法得以更快地执行，并且赢得他们的尊重。

但是，在大部分情况下，威权式的沟通可能只会给你带来相反的结果，比如当你与客户谈判的时候。

看一看下面这则关于“聪明的推销员”的故事：

门铃响了，一个衣冠楚楚的年轻人站在门外，当主人把门打开时，这个年轻人问道：“家里有高级的食品搅拌器吗？”这突然的问题让男主人怔住了，他转过头和夫人商量，女主人好奇地说道：“有一个，但不是特别高级的。”推销员回答说：“我这里有高级的。”

说着，他便从包里拿出一个高级的食品搅拌器。毫无疑问，这对夫妇接受了他的推销。假设这个推销员改一下说话方式，一张嘴就说：“我是某某公司的一名推销员，我想问一下，你们是否愿意购买一种新型的食品搅拌器呢？”

请冷静地想一想，这种说话方式的推销效果会如何呢？

有位学员对我说：“我在人际关系上对人的态度有些高傲，不知不觉就会出现命令式的语气。正因如此，我吃了很多亏。我总是冷漠地跟别人沟通，每当说出自己的观点，别人听起来，就好像我在强迫他服从我的思维一样，这让人很不舒服。因此人们不会听从我的，就算我是正确的，也常被人拒绝。而且，人们对我总是反应过激，经常一个问题没说几句就发生了争吵。后来，我特别注意了谦虚待人这一点，不再板着一张脸，而是学着用爽直的态度和商讨的方法跟人沟通。现在，我的工作氛围改善了许多，人们再也不反感我了。”

以一种平等和友善的态度适当地进行提问，可以让你掌握谈话的主动权，实现更有效的交流效果。重要的是，我们要引导别人尽情地诉说，掌握这种平等交流的方法，确立这个和善的原则，然后从对方的话语中得到自己想要的信息。

沟通中的表达从来都是相互的需求，而不是我们单方面地去实现一些目的。

双赢沟通：打通六维度的人脉节点

Part 3

改变我们人脉进程和人际关系的，往往就是一句话，一个动作，或者一个眼神。当然，这种技巧并不是一个人天生就具备的，这需要你去体验和锻炼，逐渐地拥有这种沟通的技巧。最终，实现双赢的沟通是可以预见的。这样你才能拥有强大的人际关系网，在人脉积累的路上越走越宽。

◎“请接受我的建议！”

在客户服务部，马修正与珠克维尔先生吵架。

“不，先生，您没有严格按照产品说明书来使用，造成的后果只能由您自己承担了，我很遗憾帮不上什么忙。”

“你是一个不负责任的人，我要找你们的头儿，控诉你的失职！”

“您必须首先明确自己的责任，否则后续的理赔我们不会接受，这是我唯一可以奉告的！”

两个人越吵越激烈，当珠克维尔气愤地踢开装着他那台出了点小故障的产品的箱子时，他嚷着要去法院起诉。马修则一副“随你去”的神情，耸耸肩说：“这是您的权利，您去吧，我们公司会奉陪到底的！”

我这时马上走了过去，严厉地指令马修向客户道歉。马修惊讶地看我一眼，他感到不理解，因为他认为自己没有做错，他确实是按照规定行事的，至于客户会采取的行动，这与他无关，不是吗？

——也许你站在他的角度也会这样想，但是结果错得没边儿了。

一场不着边际的争议，一次损伤公司信誉的法律纠纷，一个眼看要爆发的、第二天就会轰炸媒体头条的恶性事件，其责任只在于客户的不守规矩吗？不，起因不过是服务人员错误的沟通态度和顽固地坚持了“本可以变通”的客户守则。

沟通的技术能够替你管理好一大批优质的客户资源，反之也可以毁掉一位本来值得珍惜的好客户。

对于人脉而言，首要能力在于公关和沟通。“沟通的技术”是我们要着重阐释的课题，它会伴随你的一生。一个善待他人并获得好关系的人，往往能用最简洁的话语，巧妙地实现最有效的表达，以达到设计中的最好的交际效果。

★巧妙的“忠言”

我向珠克维尔走过去：“您好，我是客户服务部的主管李维文，我有什么可以为您效劳的吗？”

珠克维尔看到我，就像终于摆脱了一头让人痛恨的“恶魔”。他大发脾气，音调顿时提高了一个音阶：“李先生？你看！你过来瞧瞧这台可怜的机器，它让我烦死了！”他花了足有十分钟的时间向我重述他最近几天的“遭遇”，不停地使用着诸如“笨蛋机器”“毫无创意”之类的词汇。

他说：“我决定退货，不想再用你们这个牌子了，而你的这名手下竟然不同意，他剥夺了我的权利！我走遍全世界，也从没见过这样的售后服务人员！”

我始终笑着倾听，我知道，马修说的也许是对的，正如我听到的，珠克维尔并没有按照产品说明以正确的步骤使用这台机器——他随心所欲地插上电，然后当他开启的时候却走错了步骤，他本以为装上几个部件就可以了——机器应该按他的设想自动运行，继而给他想要的一切。

可是，我不能直接而又凌厉地批评客户，我希望他接受我的建议，但我必定得采取一种让双方都接受的方法，然后得到一个妥善的结果。

我说：“先生，现在我已经清楚了，这台机器的设计比较烦琐，确实给您的使用带来了极大的不便，我向您道歉。同时，也要向您表示感谢，因为您的建议是促使我们改进这款产品的动力，我们会将您的建议转达给公司的设计人员，以督促他们检讨这方面的过失。”

“哦，没什么，我就是说了点事实。”珠克维尔的语气顿时缓和下来，他的拳头像打在了一团柔软的棉花上。

我给他倒了一杯水，请他坐在沙发上。然后，我转身对马修说：“因为你的工作失误，给客户造成了严重的损失，所以，你最近一个季度的业绩奖励将全部取消，并且罚掉你一个月的薪水。如果你对此有什么异议，可以去写一份辞职报告发到我的邮箱。”

马修脸色惨白地离开了事发现场。

珠克维尔此时的表情已经十分不自然了，在他看来，马修的下场当然是他发脾气的结果。他之前愤怒不已，而我现在满足了他的“需要”——他需要有人为他的怒气埋单，但现在，他当然也会产生一定程度的内疚。

所以，当我接下来询问他是要退货还是采取别的方式时，珠克维尔犹豫了一下，然后反问我：“李先生，刚才您的这位手下说，好像产品说明书上提到了这台机器的一些必要的使用步骤，我想我在这方面可能有些疏忽，也许我应该在这方面向您讨教？”

“啊，是这样？”

我向珠克维尔详细地介绍了使用建议，而他也高兴和理解地予以接受。回到办公室，我将马修叫过来，告诉他，如果他能将今天的事情写一篇完整的公关策略分析并能从中总结经验，公司会重新考虑对他的处罚。马修感激不已，这对他会是一次非常重要的提升。

于是，问题得以圆满解决。

我相信，您一定也碰到过诸如下面这样的困惑：

“为什么整日埋头拼命苦干的凯特，每次晋升都惨遭淘汰，而只会在办公室开玩笑、并不怎么努力的杰克却总能轻松地升迁高位呢？老板瞎了眼吗？”

“真是太不公平了！”人们对此类事情总是大发感慨，然后愤愤不平。

难道真的是“干得好不如说得好”？中国人一贯相信这一条纵横了几千年的“黄金定律”，那么一个人只靠良好的人脉就能如鱼得水，呼风唤雨？当然，这个问题不是绝对的。好人缘的基础总是离不开能力——你所拥有的实力和能提供的价值，但是大多情况下，说对一句话的作用，可能比你拼命努力六个月有效得多。

当你需要发言时，一句话能够解决问题，一句话也可以挑起无穷的事端，尤其对于批评和建议来说。这是一个很现实的问题，跟人打交道，总是免不了有所进言。因为你要改变对方的思维——让他接受你的想法，听从你的思路，尤其是下属在上司面前，你在一位对你很有价值的“贵人”面前，又如何说服他和你大相径庭的思维呢？

我在加利福尼亚州一家公司见到一名华人员工与上司争吵。他与上司同为中国人，但他们吵得脸红耳赤，最后以这名员工被降职降薪结束。我亲耳听到他说出了一句中国的名言：“忠言逆耳利于行，良药苦口利于病。”是的，听起来他很委屈。他很想说服上司，因为他觉得自己的建议是正确的，上司应该尊重他的意见，并认识到他的价值所在。他在生活和工作中可能都会坚持这一条雷打不动的原则。

话是这么说，可结果往往是说者真心，听者无情。你的上司会这么想吗？超过80%的上司总是站在自己的立场，来评断你作为下属的“服从性”，然后在这个基础上去判断你的价值。

即便是忠言，它也要经过巧妙的伪装，这就是沟通要获得双赢的前提。不管你与什么人沟通，你想和什么人建立关系，你的观点都要在外面涂上一层糖衣，这样才会让你的药既是良药，又是不苦口的良药，从而取悦并打动对方，让他接受你的观点。

有时候，忠言不能说得太明白。直白的批评就像一把锋利的刀子，只会割伤皮肤，却起不到去除肿瘤的作用。

有时候，我们的建议要迎合对方的心理需求。满足对方的渴望是第一要务，其次才是解决自己的问题。

所以，“请接受我的建议！”每个人都想这么说，但这并不是张开嘴巴说说就可以了，而是需要你进行精巧的设计。这取决于你的谈话对象是什么人，你要谈的是什么事，以及你提出建议的目的是什么。

★迎合情绪的沟通

每个人都有不同的情绪，在每天的不同的时段，人的情绪也是不一样的。这构成了我现在提到的“情绪人脉”，这是六度人脉沟通中非常重要的一个方面：你必须照顾到对方的情绪，然后采取相应的沟通策略。

打个比方来说，你昨天去见一名客户，当时他正在打高尔夫球，因为一杆进洞，人们掌声不断，在场的他的“竞争对手”也不得不表示敬佩。他很高兴，这时你去了，抓住机会谈了你的想法，你想卖20套空调给他。他十分豪爽大气地挥手对你说：“OK（好的），小伙子，这太简单了，明天到我办公室签约。”

你非常兴奋，今天如约拿着合同敲开了他办公室的门，幻想着会得到一场宾主尽欢的接待，拿着订货协议满意而归。但他这时正在大发脾气，气得将桌上的电话机都摔到了地上：“怎么搞的？上月的销售业绩为何这么差？你们这些人是干什么吃的？”

啊，很不幸，你撞上了枪口。你要进门吗？如果这时你还要冒失地闯进去，结果是什么呢？你没能拿到他的签字。他对昨天的承诺仿佛一点儿都不记得，而且他让你赶紧在他的眼前消失。

他会瞪着眼睛吼：“你是谁？我不记得有这样的承诺，我这里不缺少空调，我还要赶紧减少空调哩！这些不努力工作的人，没有资格享受空调！”

你只好灰溜溜地从他的办公室闪了出来，再也无颜去敲他的房门。

因为情绪不对，即便到手的合作也会化成一团云烟重新消散。这就是六度人脉中的“情绪沟通”。情绪就像阴晴不定的天气，它往往导致结果无法掌控。

如果你不能抓住情绪的节点，无法利用这一因素进行巧妙地沟通，你就可能没有办法完成自己的计划。

我到香港以后，从第一份不怎么愉快的工作果断跳槽之后，顺利地进入了长江实业集团做销售助理。在这里，工作稳定而且待遇优厚，当时我觉得，这是上天在眷顾自己。我需要这份工作，在大公司可以得到我想要的一切：资源，人脉，做事的机会。

可是，从我意气风发地踏入销售部的第一刻起，就感觉到了气氛有些莫名其妙的异常，没有人对我的到来表示欢迎，甚至连客套的“初次见面微笑”都没有。我看到有人用万分同情的眼光瞥了一下我错愕的神情，还有人小声地议论。

这很诡异。我以为是自己的领带选错了颜色，所以只好不自然地用手捂住领口。此时，有一个好心的同事拍着我的肩膀说：“祝你好运，伙计。销售经理可不愿意听你解释领带的问题。”对于这句话，我感到无法言说的惊讶，这时才发现，同事并不是针对我的，而是针对这个环境，他们认为我是跳进了火坑——这里有一个“恶魔上司”。

销售经理不光自以为是，还是一个闻名全集团的自大狂，在他手下的人从没见过他承认自己的错误，递上去的意见也向来是有去无回。他非常不好打交道，脾气暴躁，情绪不定，让人难以捉摸。在他的手底下干活，只能遭受没有止境的压迫。最让人难以接受的是，他总是把因自己的决策错误带来的严重后果，都归结于助理的办事不力。

前几位助理都是因为受不了这样的委屈，所以才辞职走人的。

下一个倒霉的替罪羊就是我了吗？

对此，我只是笑了笑。我不觉得自己会重蹈他们的覆辙。我每天在办公室里兢兢业业，做好自己的工作，如果我不傻到去刺激他的坏情绪，我怎么会成为下一只倒霉的替罪羊呢？

有一次，一名销售员有一单业务需要销售经理签一份合同，可是经理没有把对方起草的合同看清楚就草率地签下了，结果给公司造成很大的损失。经理于是把这名销售员叫到办公室，狠狠地骂了他。这是必然的结果，上司总是要把黑锅转移出去。销售员满腹委屈，忍不住反驳，把经理驳得无话可说，最后摔门而去。

经理生气地大吼："你被开除了，明天不用来上班了！"

长年累积起来的经验告诉我们，见到这个场景，我们应该悄悄地躲到茶水室或者洗手间去才最为合适。偏偏这时候经理又大声叫了我的名字，我只好装作很平静地走进了他的办公室，微笑着说："经理，我恭喜您，您又多了一名能干的手下。"

我没有问他有什么需要，而是直接地发动主动沟通。我要占据情绪的制高点，才能让他刮目相看，否则我只能挨一顿训，然后走人。

经理正一脸怒气，听了我的话不禁有些迷茫。他的愤怒还没有机会释放出来，我抓住了他情绪的节点，在他即将向我转移枪口时，我将话题停留在刚才那名被开除的销售人员身上。

他扬起了声调，感到不可思议地问我："Why（为什么）？"他的枪口没能指向我，而是指向了"我刚才抛出的问题"。

我说："刚才那位销售人员之所以敢顶撞您，肯定觉得您是一位开明的领导。尽管这次事件确实是他的责任，但他手中握有很多重要的大客户，如果因为这件事就让他走了的话，对于我们部门来说应该是一个非常大的损失。他希望您看到他的价值，所以才如此激烈地想推卸责任，并不是存心要跟您对抗。”

经理本来扬着的手突然放了下去，表情怪异地笑了笑：“可能是这样，没事了，你先出去吧。”

这名销售员没有被开除，幸运地留了下来。随后，经理在次日宣布给他加薪3%。这让部门上下的同事都大感惊异。同时让人们“震惊”的是，我在当天并没有成为经理发泄怒火的第二只羔羊，被他劈头盖脸怒斥一番。我成功地脱身，原因是我利用了经理的情绪，进行了一次理性说服的巧妙沟通。

在那个周末，经理打来电话，约我出去吃饭。我发现了什么呢？经理并不像同事们描述的那么面目可憎，而是充满了各种工作上的无奈和苦衷。有了充分的互相理解，我和他成了非常好的朋友，一直到我离职，他都是我在长江实业集团的一位可以信赖的同事，给予了我很多帮助。在我后来融资创立属于自己的公司时，他也提供了相当多的助力，让我感激不已。

你必须充分地理解对方的情绪，才能让他放下手中的权力、高傲和警惕，与你平等地交流，认真地审视你，并理解你的想法。人们总是喜欢被肯定、赞扬和认可，每个人都有强烈的自尊心。

也就是说，人们的潜意识中都希望获得双赢——他们也想让你赢，在他赢的前提下，但他们讨厌被斥责、被说教，只要你抓住这一点，将你真实的想法蕴藏在令人开心的对于情绪的迎合之中，对方就很难再排斥你。

相反，他还会带着一种积极的情绪，来理解你话中的意思，并且能够轻易地接受你的观点，对你产生正面积极的评价：这一定是你希望得到的结果。

◎正反原则：对情绪的利用

★“你为什么中伤我？”

最可怕的，并不是你没有充分利用对方的情绪，而是你在情绪的沟通中路线完全逆反，你的“愚蠢”激怒和挫伤了对方的自尊。这种事情非常常见，但并不为人注意。

情绪的“双赢沟通”有一正一反两个原则：

情绪正原则：正面迎合情绪，可以促进沟通的融洽。

情绪反原则：反面刺激情绪，则会加大沟通的裂痕。

对于正面情绪的迎合，一般来说很好理解，但对于情绪反原则的表现我们则较为陌生。一个人要想让人欣赏、喜欢和尊重，说话时就不能刺到他人的痛处，揭到他人的伤疤，否则不要说双赢，就是独赢你也做不到。这正是情绪反原则的一种表现：人们在沟通的时候出于个人的主观立场和喜好，经常不由自主地出言相伤，甚至因恶毒的语言引起他人强烈的反感。

很多时候，人际关系的坏裂，恰恰就是一些不适当的言语引起的。轻者在彼此之间可能会留下一些矛盾和冲突，严重的则往往会导致朋友变成敌人，从此脱离你的人脉，成为你事业和生活上水火不容的绊脚石。

特别是在工作中，这种情绪反原则的后果更加严重。即便你并非出于恶意而直言相告，但因为没有顾虑到对方的情绪需要，过于直白的表达也会加剧对方的反感，你不但得不到认可，反而会给自己造成一种孤立：对方不想理你，你想表达的真实意图，再怎么为他着想，也起不到作用了。

结果就是，朋友没做成，还给自己埋下了隐患。

有一则因为中伤造成误解的例子。我的一位朋友，和他的同事一言不合，结果两人的关系出现了长达一年的冰冻期，起因不过是一次讨论问题。

在一次部门会议上，朋友和他的这位同事就业务发生了争论，说到激动之处，朋友脱口而出："嘿，维利，说起来，你的这个方法简直就像被富翁甩掉的女人，满街都是啊！"

那人听了顿时大怒，扔掉文件夹就走了。朋友这时缓过神来，才发现在座的人都很尴尬，因为他这个玩笑开得实在有点儿过分。就在半年前，维利离婚了，他被自己的妻子踢出了家门，这个漂亮女人嫁给了华盛顿地区的一位富商。如果仅此而已也没什么，就在一周前，他的前妻刚被那名富商逐出家门，离婚了。

朋友后悔不已，一个并非出于恶意的玩笑，刺激了对方的反面情绪，不但对这场会议造成了影响，且使他在公司的形象大受影响。

西点军校曾经请到一位美国将军给他们的学生进行一次座谈。当同学们都请教他怎样当一个出色的将军时，他没有大而空地喋喋不休，而是从自己的"缺点"说起。他一口气列出了自己的许多缺点：

狂妄——敢于提出不同的建议；

轻信——相信别人，对别人委以重任；

偏执——对于别人不敢做的事情，勇敢尝试；

软弱——相信周围的人能把事情做好；

无知——不断地向别人学习，丰富自己；

愚蠢——把精力集中在自己的工作上，不去斤斤计较。

这样的一段别具风格的演讲，让西点军校的学生受益匪浅。因为他迎合了这些学生希望听到一些"与众不同的品质"的情绪，却又不同凡响地给自己的优点冠以"缺点"的名称。于是，他在迎合学生心理的同时，又没有因夸大自己造成部分学生的反感，而且塑造了一种幽默的形象，使人印象深刻。这段话从此也成了西点军校的经典。

在你能够弄清楚事情的经过和孰是孰非，以及它所能产生的利害关系之后，你可以用委婉的方式，隐喻或者旁敲侧击地达到自己的目的。你要避免刺激对方的心理，既要迎合他的情绪需求，又要按计划达到你的沟通目的。

我们无论在职场中和同事们沟通，还是在生活中和朋友交谈，都要万分清楚，有些话是无论如何也不能说出来的，一旦说出来就会造成严重的后果。

六度人脉在本质上来说，讲的是我们拓展人脉和对待自己的人脉资源的方向感，及为此应掌握的正确方法。就像沙漠中的流沙地带，只要走对了方向，你的前景就会一片光明，不需要迈出六步，就能找到你的“奥巴马”或者“李嘉诚”；走不好，刚迈出一步，就会在这里覆灭，可能你一点儿人缘都没有，而且还会成为人见人烦的“另类”人物。因为你是人际磁场中“情绪的害虫”，走到哪儿都会引发一场让人反感的“灾难”。

★ “请你避开我的弱点！”

在哈佛商学院的一次演讲中，就怎样获得对方认可的问题上，我的回答只有一句话：“请你避开我的弱点！”

“我不想让人谈论我的错误，因为我好面子！”

“我认为我做得很好，我向来以自己的思路为标准，所以你攻击我的思路，就等于否定我的能力！”

“我不想接受你的建议，因为我一旦同意你的观点，就等于放弃了自己的权威！”

“我想让自己成为焦点，但你的表现破坏了我的计划，这让我很生气！”

“我本来是想把这单生意给你的，但你的态度和言辞太不尊重我，这让我感到不受重视，而重视是我最想得到的感觉，所以你出局了！”

“我不希望别人讨论我的做法，我想听到的是服从和接受，如果你公开非议我的计划，就等于跟我作对！”

这正是人性的根本需求，每个人都存在着上述心理。我们都知道这些心理是错误的，却不能摆脱它们的存在。你，我，任何一个人，在一天的24个小时中，这些心理及情绪会不定时地涌现出来，让你“头脑发昏”。我们面对着各式各样的具备此类心理的人，这是他们的弱点，同时也是你应该回避的禁区。在交流之时，你只有懂得拿捏此中的分寸，才能够避免一些不必要的迁怒和争执，而且还能取得比正面的沟通更具有说服力的效果。

对此，我一直有着很深的体会。客户不希望你讨论他的产品的缺陷，领导者也不希望你说到他某些政策的失误。但是，假如有些问题你不得不说，正反原则的价值就体现出来了：规避他的弱点，采取迂回前进的思路，用反话去正面沟通，用赞美去表达批评，就可以充分引导他的情绪，抓住人性的弱点，在沟通中打开一个缺口。

◎严肃和风趣的形象

★幽默是气度和修养的体现

你在交际场上，讲话的风格是什么样的，你的语言和形象受人喜欢吗？

我经常问别人这个问题。因为我知道，每个人都喜欢跟风趣幽默的人打交道，愿意跟他结交，大家都讨厌严肃古板的脸，谁也不想拥有一个不苟言笑和冷漠死板的朋友。

20世纪日本的著名教育家和心理学家多湖辉，曾经给“幽默”起了一个形象和有趣的别名——语言的酵母。幽默不仅是一个人智慧和心灵的结合体，也是一个人的气度和修养的表现。人们在交往中也不难发现，严肃庄重的气氛总会让人感到压抑和紧张；而轻松幽默的话题和氛围，则会给人一种如饮甘露般的感觉。

那些懂得幽默和善于调侃的人，他们往往混得很开，人际关系也非常好；而那些平时就不苟言笑，遇事时更是板着一副面孔，事事都要拍桌子叫板的人总是会给人留下极坏的印象，也没有什么人乐意与其交往。

如果你想在交际场上与别人融洽相处、搞好关系的话，就一定要拥有一些幽默细胞。这是一项让你拥有好人缘的特别重要的前提，特别是当你与同事或者领导发生意见冲突的时候，有些话难以直言，这时候就需要我们把自己处在“睡眠期”的幽默细胞充分激活，制造出一种相对轻松愉悦的氛围，然后才有机会让人接受你的观点。如果你的幽默运用得当，不仅可以使你的语言锦上添花，更会让人对你的印象分不断地提升。

在长江实业初做销售的时候，我对此的感触就特别深。大家总是处在紧张的工作状态下，对于团队的高效工作其实不利。有时候适当地幽默一下，博得大家诙谐一笑，会让人们对你的记忆更为深刻，在客户那里取得的效果也会好得出乎意料。

同事小冯平时是一个不苟言笑的人，他在我工作半年后进入了公司的销售部门。有一次，他向我抱怨说，自己平时也真诚待人，迫切地希望拓展一些过硬的人脉，为自己的职业生涯打下雄厚的人脉基础，但是始终没有什么值得深交的朋友。

为了帮助他改变自己的人脉现状，我带他跟朋友一起吃了顿饭，席间人们都发现了他的问题：他的气场过于严肃庄重，让整桌子的人都变得不善言谈了，气氛沉闷，索然无味，不管什么游戏和话题，他都缺乏主动，即便参与进来，也常让人感觉没什么意思。

趁他去洗手间的空当，人们开始讨论他："小冯是不是生活中有什么阴影呢，整天苦大仇深的？"等他一回来，大家就集体闭嘴，又回到了沉闷无聊的氛围之中。

如果小冯能够偶尔地改变一下，比如试着装一装滑稽，或者让自己看起来一副大大咧咧的模样，或者佯装出调皮、满不在乎的神情等，让这些看似缺点的东西在以庄重、严肃著称的他身上体现一下，而对方突然察觉到这种变化，就会有一种特殊的新鲜感、惊异感，而他也就能成功地吸引到别人的注意力，他的一切也都会成为别人关注的对象，包括他的一举一动。

与此同时，他这种收得拢、放得开的举止也会让别人惊异，从而对他重新审视，人们对他的好感也能够增加几分。

★管理者：风趣细胞不可缺少

假如你是一名主管人员，在日常的生活中，如果你可以不时地与你的手下开几个玩笑，幽默一下，你在他们眼中的形象会迅速上升。他们必然会觉得你是一个很随和的人，从而更加愿意接近和服从你。这样你才能真正地了解他们，与他们更好地进行工作和生活上的沟通，这对于一名具备良好人脉的主管人员来说是极其重要的。

卡普尔担任美国电话公共部门的最高行政主管之时，有一次主持股东会议，与会者情绪非常激昂，会议中的紧张气氛随着大家对卡普尔的质问、批评和抱怨而升高。其中有一个女股东不断地质问部门在慈善事业方面的捐赠，她认为应该多一些。

“部门在去年一年中，有多少钱用于慈善事业？”她带着挑战性的语气问道。当卡普尔说出有几百万元时，她说：“我想我快要晕倒了。”

卡普尔面不改色地说：“真那样倒是好些。”

于是，随着会场中大多数股东的笑声——包括他的挑战者自己，紧张的气氛轻松了下来。

在这件事中，卡普尔做了什么？看起来他似乎什么都没做，只是开口说了一句话而已，但是效果极佳。他将同事对他似乎有些敌意的质问，通过一句话，瞬间就转变为一种幽默的力量，化解了紧张的气氛，同时也解除了大家焦虑的心情，让他们得以放松心境，从不同的角度来考虑公司的情况。

他及时的幽默向全公司所有的人表达了一个重要的信息：“我们重视人性的需要，而且我们的确关心并且会分享彼此的关心。”

我相信全世界任何一家公司的员工都会在工作中发现一个现象：那些幽默的管理者在作会议报告时讲话饶有趣味，下属们就会特别爱听；

他在布置工作时语言生动，也就容易入耳入心，下属都会乐于接受。一个具备幽默细胞的上司，他平时和下属接触，大家觉得他可亲可爱，都愿意和他接近。

你是这样的管理者吗？如果是，你必然会赢得下属的尊重和爱戴，你的人际关系也会协调得好，在工作中就会收到事半功倍的良好效果。

在很大程度上，你是否拥有着幽默风趣的谈吐，会直接决定你的人脉，甚至会间接地影响到你人生的成功和这一生当中在影响力方面能够达到的高度。有些人之所以不给你机会，其实真正的原因并不在于你的能力，仅仅是你的几句话没有说好，让他感觉你这个人说话呆板、毫无创意，或者你的态度过于严肃正经了，都会成为导致你“功亏一篑”的“毒药”。

我们每个人的人际场都是一个小型的社会，也许你对它不满意，也许它漏洞百出，潜规则横行，但是就算你拿出全部的力气去批判和攻击，也依然无法改变它存在的事实。你能做的就是怎样让自己更加适合这个“社会”，如何才能在其中如鱼得水，游刃有余。那就需要你学会和掌握一些技巧以更好地适应，其中让自己变得风趣坦荡一些，就是必不可少的一种心态。

长江实业的市场部经理与我们的销售经理平时关系不错，也经常会来找我们经理谈一些事情。他平日里总是一副高高在上的样子，用市场部员工的话来说，就是一张凡事计较、永远没有笑容的严肃的脸。

按说，他这样严肃，那么他的部门的工作效率一定很高吧？

可事实是相反的，几乎所有的下属对他都是一种敬而远之的态度。就连他偶尔一次到我们部门的“串门”，也使得我们部门员工对其敬而远之。后来他也许觉察出了什么，有一天，他就突然改变了自己的说话方式，有时会故意幽默一下或者讲些笑话。起初大家对此都不适应，慢慢地，下属就开始接受，对他的印象大为改观，同时他的部门的工作效率也大大提高了。后来，即使是他要下达最艰巨最严峻的任务和命令，他的手下也都会心情轻松地投入工作。

他及时地意识到自己严肃的“错误”，并予以改变。这样一来，不仅能够消除自己和下属的距离感，还增添了个人魅力。下属们心情愉悦，执行命令的效率自然就会提高。

无论你处理什么样的关系，这样的沟通方法都一样适用，诙谐幽默的意见即便是有些许漏洞或不足，也总是比严肃的指正更容易让人接受。

◎将“目的”精巧包装

在人际关系领域中，总是应该首先考虑到面子和尊严的问题，这是我们包装自己做事“目的”的原因之一。

目的有时并不友好，甚至充满“恶意”。比如，有时你的讨好只不过是为了利用他的身份、地位，还有他手中的权力来卖掉自己的产品，借助他作为你的一个节点，去认识另外一个人……这样的目的一旦放到桌面上，就像一把沾满鲜血的刀子。即便他乐意并有能力助你一臂之力，也会因“反感”将你关在门外。包装则是在这把刀子外面装上一个精致好看的刀鞘。我知道你的心里是功利的想法，但我还是会看在你包装得如此好看的分儿上，满足你的愿望。

沟通的效果是我们最在意的，但更重要的则是沟通的过程。隐藏目的可以很好地达到双赢，只要说话的过程中体现出你的善意：

“我真心为你好，虽然我想得到点什么。”

“我们可以合作一些事情，这样都能达到目的。”

“我不想告诉你我为了什么，但你一定能从与我的合作中得到好处。”

创建一种基于双赢的关系，沟通时就不可以赤裸裸地涉及利益的交换。每个人的内心都有一架天平，只要我们自己觉得一种关系是可以带来和谐收益的，那么沟通的价值就得到了体现。

因此，包装沟通的目的，实质上是告诉你，我们需要为自己的语言作一下装饰。一些哪怕很功利的目的，看起来也可以很富有人情味。

★隐藏的“真诚”

“隐藏目的”体现的是一种说话的艺术。有些人能够一语双关，有一些人则轻松幽默、风趣机敏，将本来很严肃的谈话变得妙趣横生，让原本紧张的基于利益合作的人际关系变得十分融洽。

这在谈判中很有必要，对于初次见面的陌生人也相当有效。

对于希望开拓自己人脉的人来说，拥有良好的人际关系当然是相当重要的，它会使你的生活更加丰富多彩，使你的职场生涯更加顺畅，使你的事业更易成功。但是，当你想要达到一些交往目标的时候，一定要注意到对方的反应——他是否反感你的直接呢？过于直白的表达，可能引起对方的厌烦。

有时候，一些话还会引起彼此的尴尬，过于严肃和糟糕的事情，也不合适有一说一、开门见山，哪怕你是真心为对方着想。那么怎么办呢？你就要退后一步，可以运用幽默调侃的俏皮语言，委婉地将自己要说的话陈述出来。

也许有人会说，哎，李先生，这样的沟通实在太过于婆婆妈妈了，我直接说出来就是了，还会让对方觉得我是一个非常直爽的人！

其实不然，直爽的性格固然会受到一些人的喜欢，但是对于某些与你相交并不深的人来说——尤其人脉开拓过程中的陌生人群体，你这样不加以区分就一味直爽的性格，只会让他觉得你没有给他面子，说不定就会因为一句话而与你交恶。

改变我们人脉进程和人际关系的，往往就是一句话，一个动作，或者一个眼神。

并不是所有的事情都适合拿出直接的方式来应对，比如按门铃。我曾有一段时间陷入了按门铃恐惧，因为我害怕遭受门后面的主人无情的拒绝。有时他们说话很难听，比如门后的女主人会大声地驱逐我：

“快走开，我不需要什么电器！”

我只好悻悻地离开。这是因为我当时没有经验，当门铃响起的时候，我会特别真诚地对主人说：“嘿，你好，我是长江实业的销售经理，您这儿是否需要我们公司的产品呢？”

“不需要！”这已经是客气的回绝了。

假如遇到一位坏脾气的主人，他会叫嚷道：“啊，又来业务员了，快滚开吧，不然我报警了！”

可是，后来当我换了一种方式，以送礼物的方法敲开主人的房门时，我就受到了最起码的比较客气的接待。我仍然想卖掉我的产品，签下背包里那一摞厚厚的订单。我的想法是如此急迫，我却微笑而看似毫无其他目的地对主人说：“您幸运地中了我公司的奖品，这是我们的礼物，请您接收，另外还有一张说明，请您抽时间看看。”

然后，我说：“不打扰您了，祝您午安，再见！”

我赢得了主人的好感。在他收下区区薄礼的同时，也收下了我附加的一张产品说明书。上面有详细的功能说明、使用步骤、产品各个角度的图片。但主人不会再有强烈的反感了，甚至会抱着理解的心态真正用心地来了解我的产品。

他会想：啊，这家公司很关心消费者，这个礼物很不错呢！

而不是想：这个人真讨厌！

当他对这件产品感兴趣的时候，就会考虑主动给我打电话。而且我也会在隔一段时间之后，对他进行电话回访——那时我已经不会遭受“怒吼”或“排斥”的待遇了。

如果你在沟通时懂得运用隐藏目的的思路，你有充分的机会和无限的方式展示你的才华与聪慧，给对方一种新鲜感，使他们眼前一亮。这样一来，或许你就可以改变原本不利的状态，让对方成为你仕途或者事业上的贵人。

★让敌人变成朋友

敌人，还是朋友？

不是朋友，就是敌人吗？

站在对面的人总会引起我们这样的判断和选择。有些人看起来注定要跟你作对，跟你抢生意、抢机会，甚至抢夺一份感情。你认为他是不折不扣的毫无妥协余地的对手——“他是我的天敌，有他无我，有我无他！”你的内心一直回荡着这个坚决的声音。

你们之间看起来是不可能双赢的，事实却不过是因为沟通的不善，或者你们之间缺乏理解，没有人主动地去想一个恰当的利益分配的方式。你的思维决定了你的想法，而你的想法又决定了你的立场和沟通方式。

当利益发生冲突时，我也曾经因为这样的事情而苦恼，我一遍遍地对自己说：“李维文，你需要的是朋友而不是敌人，肯定有两全其美的办法来解决这一矛盾的！”事实证明，我的心理安慰法还是有效果的。

面对一位客户，一位同事，或者发生矛盾的朋友，我静下心来思考解决的办法，考虑我的“目的”是不是太直接了，我的言辞是否有哪些地方伤到了对方？然后我还是决定把自己要说的话说出来，但是要换一个方式来说。

追求“我笑而别人哭”的结果是自私的，即便达成也不会长久。我不能只让自己微笑，而是让双方都能笑容满面，满意而归。只有这样想，我才能将“敌人”变成朋友，让不可能拓展的关系化为我的人脉资源。

不管是别人找你办事还是你有求于人，你都会经常遇到形形色色的人，也许对方是你相识的人，也许对方是你通过几个人脉好不容易才见到的人，而对方的态度或提出的问题又让你不能接受和认同。

这样的局面总是经常发生的，那么，你们之间要开始一场唇枪舌剑吗？这不是明智的做法，这只会让你的沟通目的南辕北辙。我的建议是你应该学会适当地“退避三舍”——在这些潜在的“敌人”面前，我们要懂得包装自己的沟通目的，我们要利用自己的智慧、机智和灵敏的反应来将要表达的意思用更合适的话语表述出来。

应付各色各样的人，我们都可以采用一种类似于暗示的方式。不管提意见或者批评，你不可以真的动怒，就算是对对方很不满，你也要做到心平气和地接受这种局面。

当然，这种技巧并不是一个人天生就具备的，这需要你去体验和锻炼，逐渐地拥有这种沟通的技巧。最终，实现双赢的沟通是可以预见的。这样你才能拥有强大的人际关系网，在人脉积累的路上越走越宽。

开拓高质量人脉

Part 4

以取悦对方为手段，必然是以攻克对方的心理堡垒为目的。在大多数时候，这都是处理好自己的人际关系的好办法。如果你还在感叹自己的人脉资源非常稀缺，事业空间太小，那么你回头审视原因的话，或许你就能发现这一点——你对于强者和贵人的心理需求缺乏把握，总是游离在他们的期望值以外。这就是你一直不能春风得意的原因所在。

◎抓住强人的需求

★每个人都有一个需求点

我们每个人都很清楚，人的兴趣各有不同，都有各自的喜好，也有各自厌恶的东西。你满足了一个人的欲望和兴趣，那么他也会以同样的方式来回报你。

通常来说，人总是逃离不了一种“情感引导行动”的本性，所以当你希望自己在与强势人脉的沟通中获得一个渴望中的高分时，你就必须在双方之间架起一座情感的桥梁，寻找对方的兴趣点，引起对方的兴趣，发现对方鲜为人知的优点，最大限度地引导，然后投其所好，才能满足他的需求，然后再满足自己的需要。

你能够满足对方的某种需求，他的心中自然会产生喜悦之情。这时你给予的建议或者提出的要求，他就比较容易欣然地接受，你的交际目的就能够比较轻松地实现了。

这是所有人的心理状态，同时也是一名处于弱势的人去公关强势人脉时可以采用的一种手段。

当然，反过来也是成立的。你会发现越是成功的人，他们对于别人的需求点就越是在乎。他们观察准确，且行动到位，言行举止总能切中你的心理需求，这是因为他们深刻地知道：人们希望别人按自己的兴趣和喜好行事。

你如果既能把道理讲明白说清楚，然后又可以迎合对方的喜好，你的言辞就能进入对方的心里，那么你的建议会被对方格外重视。这样的游说没有不成功的，而你也能够成为对方的人脉库中很重要的一名成员。

看看下面这个故事：

> 有一次，美国的大思想家爱默生和儿子想把家里的一头牛赶回牛棚，两人一前一后，吃奶的力气都用上了，还是徒劳无功。路过的女佣看见两个大男人累得满脸油汗、青筋暴突，而牛距离牛棚还是很远，就赶忙上前去帮忙。她就拿了一些草让牛咀嚼着，边喂边向牛棚引它，很快牛就进入了棚里，两个男人在一边看得目瞪口呆。

女佣之所以能够顺利地将牛赶进牛棚，就是因为她知道牛的心中所想，用一把它最喜欢的草将两个大男人都无法赶进牛棚的牛成功引进了棚里。这就是“需求点把握”的强大功能，抓住对方的需求，你才能顺利地打开那间想要进入的房门，并且受到主人的真诚欢迎。

有一次，我通过层层人脉，终于要跟自己想找的那位客户搭上话，这时却在最后一个关卡卡住了，无论如何都无法与客户当面交谈。

当时，我的面前有两种选择：一是我放弃这个单子，不管它能给我和公司带来多大的利益，因为时间不等人，放弃也是可以接受的；二是继续努力，克服困难，拿下这个客户。

经过“痛苦”的思考，我决定不服输地向这个困难发起挑战，即使它看起来根本不可能克服。在一次次尝试失败之后我想放弃了，但是心底有一个声音在说：

“距离自己的目标只有这一步了，你真的要放弃吗？”

“难道不能换一个角度去想想，再去研究一下客户的信息吗？”

最终，我选择了坚持，无论如何，我都要再努力一把。而且恰好在这时，我听到一个最为重要的、在客户信息表格中没有的消息：这位客户最近喜欢上了养花，喜欢收集全国各地的名花，特别是那些不怎么常见的品种。

得到这条信息，我如获至宝，翻遍了香港和澳门的大大小小的花店，我甚至还去了深圳和广州。几乎所有的花店我都去过了，终于找到了一盆不属于常见品种的君子兰，送到了他的府上。我成了他府上一位受到热情接待的客人。又经过一段时间的努力，我顺利地签下了那一笔重要的单子。

★了解并把握“喜好”

让一个人喜欢你或者对你产生好感的最有效的方法，不是尽快地让他了解你，而是你先要了解并且喜欢上对方的喜好，然后你根据他的这一喜好，再决定该说什么样的话、做什么样的事。

当你向客户推销或者与上级进行沟通的时候，你肯定要说他们所乐意听到的话，而不是只说自己心中的所想。我们的想法要经过基本的包装，以对方愿意听的形式传达过去。这是一项基本原则，不再多言。你要知道客户需要的是什么，上级希望得到的是什么，然后针对他们的“喜好”，制订相对应的沟通策略，步步为营地实现目标，而不是硬要向客户推销你急需卖出去的产品，或强求你的上司接受你的建议。

当你想钓到池中的鱼时，就应该在鱼钩上挂上鱼喜欢吃的食物。同样，我们在跟客户和上级沟通时，也应该投其所好。这样客户购买你的产品的机会就会大大增加，上司对你的评价也会提升。

我的一位朋友是一家餐厅的老板，他很喜欢饮食行业，就投资了一笔钱，开了一家店。因为店名不够吸引人，所以生意一直不好，于是就让我给他想想办法。只有抓住了消费者的心理，生意才能红火，于是我就给他找来了一位心理学教授。

教授来观察了一番他的餐厅，然后说："你把店名改成'五环餐厅'，在招牌上画六个环就可以了。"朋友很不解，但他还是照办了。

没过几天，奇怪的事就发生了，早晨餐厅还不到开门的时间，就有几个过路的人对这招牌议论纷纷，有的甚至还从窗户往里张望。中午的时候，店门刚开，围在店门口的人就蜂拥进来，他们的目的只有一个，就是告诉我的朋友，招牌上多画了一个环。

说完后，这些人脸上都充满着一种沾沾自喜的表情，他们为显示自己的聪明才智和超强的观察力而心满意足。就在这时，进来挑错的人闻到了厨房里诱人的香味，注意到了这家餐厅高雅的布置，还有这么多高素质的服务生，立即决定在这里吃饭。

结果，很多人临走时都说："还有这么好的一家餐厅啊，我原来怎么没注意到呢？"

不久，该餐厅就在这座城市声名鹊起，吸引了很多顾客。

心理学教授知道人们最大的癖好之一便是挑别人的毛病，所以教授给朋友出了这样一个主意，让他投人们之所好，迎合人们爱挑毛病的心理，这样才能吸引人们的注意力，餐厅才能赚钱。

不过必须注意的是，我们必须赋予对方一种纯正的动机，引导并满足对方正向的兴趣爱好。如果你心术不正，恶意引导，那么得到的效果往往是相反的。

在沟通时，把握喜好是改善或者获得人脉的一种绝佳的润滑剂，尤其在我们面对一些尴尬之事时，把握喜好就可轻而易举地改善或者获得人脉，达到使人看清你并认同你的价值的目的，然后产生心理上的共鸣。

美国前总统罗斯福在此方面就表现甚佳，凡是拜访过他的人无一不惊叹他的渊博。各色各样的人，不管是农民也好，政治人物也好，商业巨子也罢，罗斯福都能跟他们谈得很投机，使他们成为自己竞选路上的支持者。他深知获取人心的重要性，所以罗斯福无论接见任何人，事前一定要做的就是阅读那些对方会感兴趣的谈话资料。

因此，凡是拜访过他的人，都对其评价极高。他的人脉当然也极为广泛，竞选总统时占尽优势。

谈论对方喜欢、感兴趣的话题和认为最值得谈的事，你就能得到平等交谈和深入交流的机会。

★适当的恭维

几乎每个人都喜欢听别人说自己的好话，适当的恭维显得很有必要。恭维的原则在于，你要寻找对方的心理需求点，然后去赞扬他的长处，认同他的某些“成就”，从而引起对方的注意，对你产生足够的好感。

我们注意到，那些人脉广的人，他们在必要的时候总能得到贵人的相助。他们不一定就是靠溜须拍马得来这些机遇，而是在恭维方面拥有过硬的本领。

你不必苦恼为什么别人似乎认识世界上所有的人，而你连自己身边最常见的人都不认识，因为任何正常形式的恭维都会为你带来一些人脉。比如，你去找人办事，碰巧他的孩子在一旁活蹦乱跳，或者正在做什么事，恰巧让你发现了。这时候你可以找一个理由将他的孩子夸奖一番，即使孩子长得不好看，你也可以找到别的优点；就算是缺点，你也可以从另一种角度指出孩子的过人之处。

你可能发现自己的上司是一个脾气暴躁的人，他经常发脾气，得罪他的人没有好果子吃。但你在同事中打听到此人热爱艺术，是一个不那么靠谱但绝对忠实的文学爱好者，那么你就可以抓住这点线索，和他谈一谈《麦田里的守望者》或者《百年孤独》这样的文学名著，满足一下他的虚荣心和表现欲。

有一次，长江实业集团要组织一项活动，当时的营销经理有意让我的同事小王来负责策划。小王得到这样一个表现自我的机会当然是高兴得不得了，但是第二天问题就来了。他觉得凭借自己的经验，想要办好这项活动简直是轻而易举，只是有一个难题——经费不足。

他找到我说："前辈，你说怎样才能让经理多批些经费给我呢？"我笑了笑对小王说："这实在有点儿难度呀，我们的经理可是一个小气的人！”他听了叹口气说：“我也知道没什么办法，所以才找到你呀，经理平时最愿意听你的一些建议。”

他找到了我这条人脉——可以给他指点的人，然后对我讲了一些让我高兴的恭维之语，我就算识破了他的目的，心里也非常高兴，因为没有人不喜欢让人夸奖和赞美，这是所有人的一个弱点。于是，我便对他说，经理喜欢打高尔夫球，而且是一个高手，最近因为太忙没有时间，已经很长时间没打了，你可以从这方面入手。

小王立马在周末组织了一个小型的高尔夫球活动，他与九龙一家高尔夫俱乐部的老板沾亲带故，租用那里的场地毫不费力，几乎没花什么钱，就搞定了场地，还拿到了两张贵宾卡。经理对这次活动十分满意，在高尔夫球场大展身手，然后他的预算问题就解决了。

适当的恭维有几点需要注意。比如，你不能赞扬客户或上司的性能力——这等同于在“指责”他是一名好色之徒。你也不能抓住一点小事便大做文章，因为对方可能根本不在乎这样的细节。恭维如果找错了地方，结果往往不那么美妙。

以取悦对方为手段，必然是以攻克对方的心理堡垒为目的。在大多数时候，这都是处理好自己的人际关系的好办法。如果你还在感叹自己的人脉资源非常稀缺，事业空间太小，那么你回头审视原因的话，或许你就能发现这一点——你对于强者和贵人的心理需求缺乏把握，总是游离在他们的期望值以外。这就是你一直不能春风得意的原因所在。

◎实现心灵的透视

．你必须时刻琢磨“他在想什么”，或者“他想做什么”“他到底需要什么”，但更重要的是，透视并理解对方的心灵层面，你才能打破人脉道路上的关卡，实现互相在价值观上的认同。想让强者在价值观上认同你并不容易，其中最为简单直接的办法，就是能够与他进行心灵沟通，获得一些关键的信息。

“心灵透视”的本质：

理解和认同对方的价值观、信仰及人生的理想。

看清并熟悉对方的思维模式、习惯和一些基本的人生态度。

靠拢并且可以进入对方的心灵世界，在同样的领域内得到他的认可。

★“你知道我在想什么？”

每个成功者都想让别人知道他在想什么，尽管他们自傲于“那些小人物不知道我是怎么想的”，但是总的来说，成功者都有拿自己的心理去考验别人的欲望。

换句话说，如果有人摸清了成功者的心思，那么这个成功者就会在潜意识中不由自主地将这个人当做“自己人”。

我陪加利福尼亚州UT电器代理公司的总裁克雷默打高尔夫球时，克雷默告诉我，他的销售总监上个月离职了，他需要在两个人选当中确定一位新的销售总监，但是这个职位是如此重要，几乎关系到公司的生死，因为要跟客户没完没了地打交道，能否把握客户的心理十分关键。

“是吗，总裁先生，你的决定是什么呢？”我问他。

克雷默没有回答我，而是指了指远方正在过来的一个人，笑着喊道：“嘿，贝克，过来一下。”

我知道了，贝克正是他的人选之一。接下来，他或许要作一个测试来让我帮他作判断。

贝克迈开步子，很快走过30米左右的草坪，他穿着得体，面带谦恭的微笑，看起来彬彬有礼，很有亲和力。“老板，您有什么事？”他凑过来问。

“我的球杆坏了，贝克，你看，裂了一个小缝，我今天的准备实在不充足，打了很多次球，输给李维文先生了。”克雷默遗憾地对他说，接着又转身对我说，“李，今天的天气也不好，你看，好像要下雨了？”

我笑道：“我回去再看一下天气预报，这是我早晨出门前的疏忽。”不过，在我的印象中，好像最近几天都不会有雨。

贝克还在观察那个球杆，他很认真地看了一遍，然后干脆地说：

"老板，不用担心，球场有各种牌子的球杆供我们更换，我这就去拿一杆新的。"他迅速地向球童招手，10分钟后，拿来了一个新球杆。

三天以后，我打电话给克雷默，问他销售总监的人选定了没有。

克雷默回答我："已经定了。"

"能告诉我是谁吗？"

他稍停了约一秒钟的时间，说："不是贝克。"

这和我的判断不谋而合。克雷默的本意是："我不想打了，天气只是我的借口，我想回去处理公务，可是你只听到了前半句，却忽视了我讲到了天气。"贝克错误地判断了老板的意图，他在揣摩老板的心意方面表现迟钝。

如果他面对的是一个重要客户呢？这对于销售总监来说将是不可原谅的错误。

透视对方的心灵，重在含而不露，领会他的思想，提前揣摩他的意图。这种沟通的方式，在于摸准对方的心理之后，用自身的行动作为协助，在实际的表现中让他看到你的价值。遗憾的是，现实中似乎多数人在这方面的表现都不合格。人们总是以自己的立场去判断别人，忽视了跳出自己的立场、全身心地领会他人意图的重要性。

★做一个善解人意的朋友

我们不仅要做心灵透视的施予者，还要做一名合格的接受者。给予别人既中肯又深刻的意见、理解对方的意图固然重要，但是我们也应该观察工作中给予我们这些感受的人，做到互相理解和支持。

如果你做的事情总是很符合对方的心理期望，你的目的就会很容易达到，“贵人”会尽自己最大努力来为你找到目标人物或接近目标的人物。假如恰好你找到的这一人脉的手里有两个符合你所需的目标条件的人物，那么他会给你介绍其中更为优秀的一个，你的工作就会变得非常容易，甚至有可能就此一步登天。

假如你不是一个善解人意的人，事事都与对方心中所想南辕北辙，那么即使你使尽浑身解数，也可能无济于事。更有甚者，你可能会就此中断自己的这一支人脉和潜在的关系，咸鱼再也翻不了身。

现在的服务业特别注意揣摩顾客的心思，这其实跟人脉场上的处理方法是一样的，你必须能够摸准顾客的心思——透视他的心灵，你要准确地把握他喜欢什么样的产品，他想买哪种牌子或款式的衣服，然后你才有机会满足对方的需求。

有一次我去一个地方出差，在谈完工作的第二天，为了赶火车，我就匆匆忙忙地离开了房间。谁知道，刚走到旅馆门口，外面就下起了倾盆大雨。于是，我转身向身后的服务员说：“麻烦你去我房间里看看，我的伞是否还在房间里。”过了几分钟，服务员气喘吁吁地跑回来说：“是的，您的伞在您房间的床头柜上放着。”我只好深表无奈。

这名服务员看似对顾客服从和尊重到了极点，可是他为什么还只是个普通的服务员呢？甚至我敢断言他离失业已经为时不远了。因为他根本不了解顾客真正的需求和心思。

我在当时需要的不是让他去看看我的伞还在不在，而是我渴望有一把伞拿在手里，让我赶紧离开。可惜服务员的理解完全错误。当时我想，如果他是我的员工，可能下一秒钟他就失业了。

★胜在提前领会意图

在我们的工作中，最大的人脉目标，往往不是其他人，而正好就是我们的上司。换句话说，上司将是你的人生中最重要的人脉，你在人脉方面最大的努力，就是让你的上司给予你最大的重视。于是，如何及时地领会上司的意图就非常重要。

透视你的领导的心灵世界，这也是我们最重要的一个交际需求。

领导的每一个动作和每一句话，很可能都包含着大量有用的信息，这就要发挥你的观察力，从他的一个普通的小动作里，预见到他在想什么、他想做什么，以及迅速地替他接下来的行动作好准备。

一名优秀的上司，从来不会浪费时间反复地下命令，如果你了解他的这一特点，领会了他的意图，那就表明你是一个果断精明的下属，就会更容易让他对你产生好感，也就为你赢得了这一支非同小可的人脉。

我在新加坡的时候，公司的市场部经理珂先生让他的助理李小姐，就他的部门全年的工作写一份工作总结报告，并且嘱咐她说：“越详细越好。”李小姐马上调查情况，花了几个星期的时间，然后把一年的工作都事无巨细地写了出来。

但是珂先生看了这份洋洋洒洒一万字之多的报告，却摇头表示不满。

珂先生的意思是什么呢？他希望这份报告在总结方面详细一些，而不是列出所有的数据却不总结。李小姐完全会错了意，也不理解自己的顶头上司平时的工作风格，结果是在具体的工作事务上无一遗漏，就连上司组织了几次会议出了几趟差，还有公司搞了几次请客吃饭都写得清清楚楚。

面对这份报告，珂先生是无可奈何，苦笑之余，只好自己动手又重新写了一遍。

李小姐的错误，许多公司的下属都在犯。对于上司的意图，她实际上并没有心领神会，提前判断和预知的能力太差，只限于机械简单地理解执行。这就给我们表明，在与领导的相处方面，下属的心领神会至关重要。不是说你应该成为他肚子里的蛔虫，至少他想要什么，你是需要提前预知的。否则，你只会提前败下阵来，很难成为上司眼中值得信赖的一个自己人。

为了领会上司的意图，当你接受他的指示或者吩咐的时候，假如你并不十分清楚，或者不想冒险，那么你就应该问得再清楚一些，不要有太多的顾忌心理，而去模棱两可地执行。错误的执行就算再迅速，得出的也是错误的结果，那样以后麻烦的还是自己。而且，也不要上司说了什么，你就想当然地认为完全理解了。在这方面，自负的心理完全要不得。

首先，你得明白这项工作在整体的工作当中处于什么样的地位，你也应该明白你的领导目前正处于什么样的需求和心理状态。同时，你应该根据上司一贯的思想意图和工作作风来加以完整地理解，把握他真正想要的东西，达到“心有灵犀”的境界。

要做好上司的得力助手，成为他的放心手下，重要的就是要提前领会上司的意图。他的意图有时不会直截了当地表达出来，而是需要你仔细地揣摩再去做。这样的现实确实无奈，但你无可回避，只能提升自己的能力，努力去胜任。

对于一个指示来说，如果需要领导不断地重复，同一件事和同一个指示说了一遍又一遍你才茅塞顿开，那么你给领导留下的印象就实在太过糟糕了。领导对下属最基本的要求，就是必须对自己的意图快速领会且坚决执行——当他有这个想法时你就要提前判断出，当他对你交代一件事时，你必须有一点就通的能力，而且你要在他规定的期限内保质保量地完成。

如果你做不到，那么当你想通过他去找到某一个人或者达成某一件事的时候，他就会再三思量要不要把你介绍给对方，要不要满足你这个

“小小”的要求。相信我，不管他的眼神看起来是多么无辜和抱歉，他的内心一定是这样想的——他很讨厌你，简直想让你马上在他的眼前消失掉，永远也不想再看到你了。

◎表达的勇气和内容

从心理学的角度来分析就能发现，人在沟通时的大胆表达，运用的是人的心理代偿功能。也就是说，当我们处于弱势或困境时，可以用励志的心态来激励自己，用其产生的积极情绪来代替心理上的负面情绪。

每一个人都有自尊心和虚荣心，都喜欢争强好胜，但是由于某种原因，总会使一个人的这种正面心理被压抑，出现自卑、气馁和不思进取的情绪。

当一个人处在这种状态时，他的人际关系就堪忧。当他进行沟通时，就会产生严重的信心不足。他会想：“我能不能说服对方？”进而他会一个劲儿地怀疑自己的能力。

他觉得自己是无能的，什么事情都做不好。

他认为自己不管怎么努力，都只能接受一个无可奈何的结局。

被消极情绪压制的人，他需要唤醒内心的信心，然后释放出无穷的潜力。通过自我激励，激发出表达的勇气。首先敢于表达，其次去组织表达的内容，这才是打动强者的关键因素。

你要敢于对一个人进行表达，从而得到结果。有时就算结果不怎么美妙，完全不是我们想要的，但只要勇敢地表达和提出合理请求，相信你的收获也一定是积极的。你能够从中总结教训，收获经验，在下一次面临类似情况时，你将做得更好一些。

我有一次去见一位泰国的客户哲坤先生，长江实业集团希望通过哲坤扩大在泰国的市场，他是曼谷最大的代理商。资料显示，哲坤并不是曼谷人，而是来自泰国的边远地区清水。他是一个很狡猾的商人，以善变和不讲原则著称，是一个“唯利是图”的家伙。

我并不十分清楚他的性格以及他会对我采取的措施，所以不知道该如何开口。我在犹豫中丧失了许多机会，差点儿失去这笔生意。在起初的几次会面中，我们除了天气和旅游信息，几乎什么有价值的内容都没有谈到。

他并不着急，对此表现得坦然自若，游刃有余。而我忧心如焚，如同热锅上的蚂蚁，却无从下手。

到了最后的时刻，我发现再不行动，就将彻底告诉人们“我是一个失败者”了。我在曼谷大酒店的门口连续抽了四根烟，徘徊许久，硬着头皮打通了哲坤先生的电话。这次我没有再漫无目的地找借口，直接对他请求见面，想谈一谈业务的事情。

哲坤不冷不热地答："好啊，你到我的公司来吧。"他已经为这一刻准备好了，只不过对我迟迟没有开口略感惊讶而已。

原来他一直都在等我开口，我却被自己内心的怯懦绊住了脚步。

我打了一辆车，很快到了约定的地点。我坐在哲坤的对面，没有再进行客气的寒暄，因为我实在没有时间了。我马上提出了公司的希望，并且开出了我们最优惠的条件。我唯一的要求就是尽快给我答复——不，马上给我答复。

"现在？"哲坤的眼珠子都要掉出来了，这真是有点儿不符合商业习惯了，一个小时的考虑时间都没有吗？

我的回答是："实在不好意思，我希望您尽快，最好是下一分钟，不然我只能回香港辞职，请公司另派人来。那么，对您的时间也是非常大的损失，不是吗？"

哲坤顿时紧咬嘴唇，满面愁容。我从来没见一个老板会愁成这个样子，他就像一个突然发现自己在股市亏掉了全部家底的股民，正痛苦地思考如何回家向老婆交代。然后在下一分钟，他就像迅速下定了一个决心，重重地一拍桌子，说："好的，我答应你们公司的条件，请把合同准备好吧。"

当我走出他的办公室时，足足有半个小时，我始终没有回过神来。"就这么简单？难道这一切不是幻象吗？这几天我的犹豫究竟是为了什么呢，我真是一个愚蠢而又缺乏勇气的人啊！"

如果哪一天，你为了某件事而羞于向你的“关系目标”启齿，并为此焦虑甚至绝望时，我想告诉你的是，你可能夸大了表达和获取回报的难度，你凭空地为自己设置了一个“不可逾越”的障碍，你自己的潜意识在“告诉”自己跳不过去，在以自杀的方式断送掉一次公关的机遇。

事实却是，只要你开口，并且符合情理地说出你的期望，问题马上就得以解决了。

我至今还记得另一件事。当我初到美国时，钱很快就花光了。短时间内，我的财务危机非常严重，而我暂时又没有进账可以缓解这一困难。我只有一个办法，向别人借钱。我为此愁苦满面，几夜不眠，在纸上列了一个“可能会借钱给我的”人的名单，长长的一串人名，有二十几个人。他们有的是我的老乡，有的是同事，还有的只是刚到美国新结交的朋友，其中有一位是我现在十多年的挚友：海德曼先生。他当时在华尔街一家证券公司担任中层经理的职务。

我采用排除法，逐步删掉那些借钱机会小的人，最后就只剩下了海德曼一个人。他虽然是我初到美国时刚认识的朋友，属于萍水相逢，却对彼此的印象不错。而且我有一个“阴暗”的判断是，他是美国人，又是一位成功人士，他会相信自己的眼光，然后帮我渡过难关。相反，如果是中国人，借钱给我的机会很小，因为中国人即便是最好的朋友之间，也往往“恐惧”借钱，这是我们在国内都会体验到的一种无奈的现实：我们在国内的人脉往往不会涉及金钱的借用，人们只愿跟现在的强者结成好友，而不想去搭理那些穷困的家伙或者哪怕是“潜在的强者”。这正是中国人的人际关系中功利乃至势利的一面。

即使如此，我仍然不敢开口。我拿着电话，一遍遍地摁着海德曼的号码，就是没有拨打出去。我痛苦地辗转反侧了好几日，通宵难眠，设想着无数的灾难性的后果，都是他拒绝我的反应。比如，他强硬而冷漠地挂断了电话，从此不再跟我联系；他婉转地拒绝了我，然后我在朋友圈中大丢面子；他还有可能根本不会接我的电话，让我连一丁点儿开口的机会都没有。

直到我的身上还有200美元的时候——我连下个月的房租和伙食费都没有了——次日的下午房租必须要打进房东的账户，我咬牙切齿地颤抖着手打通了海德曼的电话。

听到是我，他的语调有些奇怪：“哦，李，想不到你会主动联系我。”听到这里，我的心已经凉了一半。

“不好意思，我第一次给你打电话，竟然是希望获得你的帮助。”

“李，有什么事需要我相助吗？”

我的心一硬，干脆地说：“借钱。”

我所没有料想到的是，他听到这个词之后没有丝毫的犹豫，马上问：“你需要多少？人民币还是美金？”

“3000美金，我保证在三个月内还给你，并且支付给你利息。”

“请把账号给我，我想10分钟内就可以到账。”海德曼说，“不过，我认为3000美金对你来说可能只能解决暂时的问题。作为一位值得你信赖的朋友，我愿意借给你10000美金，一年内归还，你只需写一个借条给我就可以了。"

"啊……"

"我能想到，如果不是非常需要一笔钱，你不会打电话给我。我能理解你现在的处境，而且我很荣幸，你能对我表示信任，把我视做一位可以开口求助的朋友。"海德曼真诚地说。

他既愿意借钱给我，还"保护"了我的自尊，让我非常感动。

放下电话，我如释重负，然后我坐在沙发上，全身无力，并且突然嘲笑我自己的小题大做。这有什么呢？有什么要求，直接大胆地说出来就是了，不管结果如何，最起码我要做好自己：勇敢地表达，去向这些潜在的关系请求帮助。

敢于表达的勇气，将体现你的决断力：

1. 不浪费任何时间在无谓的犹豫上。

2. 相信你的判断力和真诚的沟通能力。

3. 敢于面对有可能出现的风险及不可预测的结果。

对表达的内容的选择，表现的是一个人的逻辑能力和内在思维的价值：

1. 表达的内容依旧是优先考虑的问题，除了勇气之外，你还需要学会沟通和表达的方法。

2. 内容表达的顺序和对于沟通方法的选择，能够体现出你这个人的内在思维的价值。

3. 预先作好的准备至关重要，鲁莽的勇气和不着调的内容也会让你的表达变得一文不值。事实上，许多人请求别人帮忙遭到拒绝，或者在谈判公关时遇到麻烦，都是在这个环节出现了巨大的失误。

◎获取理解

“获取理解”是一项我们与别人建立通畅的沟通渠道的必要手段。人与人之间，要有一个同理心的比较。不但你需要有同理心，也要让对方心怀同理，才能让他理解你，他才愿意帮助你解决你的难题。

★拿出你的正确方法

在公共关系学中，如果我们把自己的境遇和对方相对比，并让对方看到一个清晰的结果，从而对你产生必要的同情，就是运用这个规律。在后面的章节中，我们会具体谈到同理心这个问题。同时，我们也可以在对方的难题面前迅速表现自己的“做事能力”，将一种正确的方法摆在他的面前，比你仅仅是表达诚意所起到的作用要大得多。

一名精明的营业员，通常会为了拿到丰富的提成而向你推销某一件商品，这时我们会拿另一品牌的同类商品与此进行比较，最后为自己认为最划算的商品付账。

我们都有过这样的很直接的感觉：同一种颜色，我们把它放在较暗的背景上看起来更亮些，放在较亮的背景上看起来则就会更暗些。两种不同的事物同时出现，比它们单独呈现所得到的效果要好。

在六度人脉理论的实践中，强势人脉的积累策略，并不是规定说一定要你在这方面拥有多么高的造诣，对于某一方面有多么深刻的研究，才能短时间内通过最简便的关系找到自己的贵人，比如跟布什总统通话，或者跟巴菲特先生共进晚餐，而是能用巧妙的语言和方式让别人记住你，让大家对你的印象分上升，从而争取到人脉。

换句话说，我们需要的是两项最重要的素质：

强有力的解决问题的能力。

心灵的有效沟通和互相的理解。

你有很多超乎常人的看法，即在别人头脑模糊的时候，你便已经看到了事物的本质，那么你要怎样来向当事人提醒呢？这不仅要有良好的意愿和态度，更需要合适的方法。你可以将所有的供选择的机遇与前景组合在一起，列出几个方案，再系统分析，将想法和意见巧妙地表达出来，让他看清楚并从中选择最好的一个选项，你也会因此而获得别人的重视和好感。

★有效的选项

另外你一定要记住，有一些人脉对于我们来说，并不一定就是真正有利的——利好来得过于幸福的人脉往往潜藏“凶险”，这就需要你拥有一双火眼金睛来辨别出哪些是可以接受的人脉，那些看似“前景光明”而暗藏危机的人脉，你一定要拒绝。

人脉会把你带进天堂，同时也有可能把你推入地狱。如果有一种人脉可以让你一步登天，比如“只需一个电话就能让你与奥巴马共进晚餐”的人脉，如果你自己并不具备“与奥巴马共进晚餐”的价值，那么这种人脉经常是不可靠的。

去年的四月，我去纽约出差时，在酒店遇到了一位国内的同胞吴先生。他向我讲了自己在这方面的失败事例。他在浙江义乌有一家艺术品公司，每年生产大量的艺术品，既有外销，也有在国内打开市场的机会。但是，他在国内这方面的渠道并不多。他这几年的主要业务都是向日韩出口，是比较纯粹的外贸型公司，一旦出口受到影响，他的公司就会立刻陷入困境。

这使他非常苦恼，一直在想办法发展国内的代理销售商和打开相关的市场。但是，国内的竞争异常激烈，市场蛋糕早已被瓜分一空，他能进入的机会是少之又少。

有一次，吴先生去北京旅游，在朋友的介绍下，偶然认识了一位自称“高干子弟”的楚姓青年，对方自称神通广大，有的是资源和渠道帮他的产品打开销路。吴先生顿时如获至宝，觉得自己遇到了一位不可多得的“贵人”，将他当做宝贝供了起来，不仅花了很多钱请他在京消费，而且回到义乌，又在当地购置了一套房产，准备送给这位楚贵人。

吴先生想：只要能真正地打开国内市场，与这样的贵人建立长期的关系，花这一百万又有什么不可以呢？

没过多久，效果果然就出来了，他的产品在楚贵人的介绍下，真的收到了全国各地发来的订单，前三个月的销售业绩就提升了接近190%。这让他大喜过望，认为自己竟然结识了这样的人脉，真是上天照顾。他马上将房子送给了楚贵人，以示谢意。对方也一点儿不客气地收下了。

就在吴先生的生意一片红火时，却突然传来了一个让他震惊的消息：那位楚贵人因为涉及几桩金融案件，和几名官员一起被拘留了。而且，在他交代的收受贿赂的名单和钱物中，吴先生送给他的房子也赫然在列。可以说，这起事件给吴先生的公司造成的打击不亚于破产。他的公司被查封了很久，虽然后来证明他送出的礼物只是出于“谢意”，他从中获得的回报也只不过是产品打开了一些销路，楚贵人只是居中介绍了一下，但是，从此以后，他的公司就一蹶不振了，没有人再敢订购他的产品。

类似的事件在国内数不胜数，这表明，如果你不能够看清楚有些事情的本质，对于人心和“人的交际目的”没有清醒的判断，你很可能会因为自己的错误选择，而将机遇变成不可测的危险，然后在选择中失去其他更好的选项，从而让自己在人脉的公关方面得不偿失，一招不慎便掉进泥潭。

从人脉结交的现实角度看，真正的友谊不可能会让你轻而易举地获得，它需要经过长时间的培育，也许需要一些灵光一闪的契机，但肯定要经过彼此的相知和理解，才能绽放出友谊的花朵。

在努力培养关系的过程中，我们必须充分尊重别人，并且尊重自己；我们要热情真诚，乐于助人，心胸开阔，宽宏大量。只有这样，我们才能看清楚那些“黄金选项”，真正的友谊才会降临到我们的身上。

你不需要怀疑一切，有效的选项总是存在的，人脉会向你敞开两种颜色的大门，区别在于你的洞察力和是否具备诚实正直及长远眼光的品质。

当相互利用在人们的人脉结交中成为一种不良风气的时候，我们确实应该睁大眼睛。当人脉被涂上金钱和功利的色彩时，这种被人们叫做友谊的东西也就随之发生了质的变化。它成了一种收买与利用的关系，这并不是六度人脉的适用范围。我们倡导的人脉结交，永远也不可能跟功利关系结为盟友，而且也不会对此提出任何建议。

有些关系，在表面热情的背后，他们真正的用意是钱与权，他们投入的是自己经过包装的无耻和资本，对你虚与委蛇，用伪装的外表和言行与你来往，他们期待得到的是实现自己权钱利益的最大化。因此，他们所谓的人脉的概念和应用，完全是功利性的。

在与朋友的交往中，每个人都要时刻保持清醒的头脑，认清对方是否真心想与你进行交往，是否能够提供双方真正需要的裨益。

六度人脉的行动法则

Part 5

在人脉领域中，最难的也是最重要的，就是我们想给别人留下一种清晰独特的印象。而让别人记住你的最快捷简单的方式，就是通过适当的话语在最短的时间内表达出自己的主题。如果在沟通中，你分析问题时总能一针见血，那么就会成功地被别人刮目相看，从而给“贵人”留下深刻的印象。

◎别做刻板的说教者

行动力往往首先体现在说服力上。许多人乐意以一副说教者的形象出现，他们虽然很想做一些实际的事情，但缺乏说服力，不擅长说服别人。

我们知道，在很多时候，有些话都是必须讲出来的，却苦于没有一种合适的方式，因为采取了错误的和刻板的沟通方式，最终是出力不讨好，出现了让人失望的结局。

你要减少刻板僵化所导致的矛盾冲突，如果你总是不假思索、毫无忌讳地将你想要说的话说出来，刻意表现你的“正确性”，结果往往是你的“正确”让那些听者难以接受。他们不但觉得你很愚蠢，还会认定你是一个言行不一而又只会虚情假义的人，甚至和你发生严重的冲突，从而让一些潜在的人脉消失。

当我离开香港到了新加坡，从一名销售开始转行做公司的管理工作的时候，就曾经遇到过一件很棘手的事，而我恰恰是用了一种类比沟通的方法成功解决了它。

当时，我的一个朋友在咨询公司做经理，而在前段时间，他的公司来了一位新同事艾瑞卡。听说她从做了很多年并且对她不薄的咨询公司，跳到了现在我朋友所在的单位，没有人知道为什么她会这么做。但是面试的时候，因为她做过很长时间的咨询工作，很有经验，所以便录取了她。

她给出的解释只是，在一个公司做久了，就产生很强烈的厌倦感了，所以她需要换一个新的环境，享受一下新鲜的气息。

这个理由非常具有个性，却不是一个让人可以接受的解释。至少，如果她到我的公司应聘，我绝对不会让她通过面试。

艾瑞卡进了我朋友的公司以后，就先从经理助理做起，了解公司的基本的业务流程。后来，我去看望朋友的时候，突然发现了一个问题：艾瑞卡总是不分场合地说她以前的董事长的坏话，而且言辞难听。

与我想象不同的是，朋友听了艾瑞卡的话，非但没有制止她，相反却很高兴。他说，一方面知己知彼，百战百胜，这有利于他们同行业的竞争；另一方面这反衬出了他的魅力，说明他是一个称职的领导。于是一起吃饭的时候，他告诉我说他决定试用期一过就将艾瑞卡提升为部门主管。

“她对我这里很满意，比她以前的公司强多了，我在她眼中是一位很有权威并且非常优秀的领导。”

我听了之后，斟酌再三，还是决定把我的看法向朋友说明。但是，其中的关节我不能太过直白地告诉他，否则他不一定能够听得进去。

这天，我们又约好要在一起吃饭，我感觉这是个好时候，就打开了话匣子，对朋友说："我以前的邻居是一个离异的女人，后来又嫁了一个丈夫，她整天在现任丈夫面前说她前夫的坏话，还一副扬扬自得的样子。后来丈夫实在受不了她这个毛病，就和她离婚了。然后她又嫁了一个城北的外地人，又开始像以前一样讲她第二个丈夫的坏话，这个外地人找到她的第二个丈夫，把这件事告诉了他，第二任丈夫却笑一笑说：'她现在跟你说的话，就是她以前在我面前讲的她第一个丈夫的那些坏话。'"

朋友似乎知道了我说这些话的意思，所以待我说完之后，朋友也只是低着头吃饭了，没有对此发表任何评论。

"艾瑞卡从以前的公司跳到了你们公司，就竭力说前任老板的坏话，如果有朝一日她厌倦了你们公司又跳到了另外的地方，她就会像现在一样，用诋毁以前老板的话来诋毁你呢！你的声誉在行业中就会大大地受损，这样你会失去更多的人脉，以致最后都没有人再想与你合作，就算你跳槽，又有哪家公司敢要你呢？同时你作为公司的重要人物，这样会间接地对公司造成很大的伤害。况且她离开做了那么多年并且又对她不薄的公司，说明她对公司的忠诚度不高，这样的员工你还提升她做部门主管，你觉得可行吗？"

朋友若有所思地说："嗯！你说得有道理，我回去好好考虑考虑。"这看起来像一种敷衍，但是以我对他的了解，他肯定把我的话听进去了。

果不其然，第二天他打电话给我，说："维文，我觉得你说的话很有道理，所以我将艾瑞卡辞退了。这件事可真得谢谢你！"

大家也许觉得这件事跟人脉领域根本扯不上关系，其实不然。如果朋友没有接受我的建议，而是将艾瑞卡提升为部门主管，那么后果便是朋友因为艾瑞卡的话而自傲自大，觉得大家都不如自己，那么他就失去了很多的人脉，他在业内的形象将受到难以弥补的损失。而且，一旦艾瑞卡再次在朋友所在的公司辞职或被辞退，那么就会像以前一样，到其他公司诋毁我的这位朋友，那么他受到的损失将会更大。

我把艾瑞卡对于公司的危害用这个小故事表达出来，首先吸引住了朋友的注意力，让他有兴趣继续听下去，讲到最后再借此喻彼，把生硬的利益关系用简单有趣的夫妻之间的分分合合的小故事体现出来，通俗易懂，趣味盎然，让朋友在平静的环境中轻松地接受，改正了自己的错误。

灵活的说话和沟通的方式为什么是我们所需要的？因为它能够大大地增加说服的趣味性，把枯燥难懂的道理变得形象易懂，对方不但喜欢听，而且还能在轻松愉快的气氛中听取别人的建议。

这样一来，就为双方节省了大量的时间和精力，提高了工作效率，不论对谁来说，良好的环境都是个人成功的重要因素，只有在好的环境里，个人的自我价值才能得到较好的体现。

如果你是一位公司的管理者，面对一名自卑或者懦弱的下属，你会怎么跟他沟通，以改善他的行动力？

这样的下属往往容不得领导说一句批评的话，否则就会整天郁郁寡欢、无精打采。团队中的每一个员工都有其存在的理由，不能贸然地辞掉任何一个。当你向其提出建议或指出其过失之处时，要特别注意方式。

我们可以运用近乎娱乐的方式进行说教，言语平缓，就在平常的聊天中，使其领会你的真正意图。这绝对是对待员工最好的方式，同时在与陌生人的公关中也运用广泛。

◎“请你讲重点！”

最重要的一句话是能够说中要害的“关键性的语言”，三言两语就能解决问题，达到想要的效果。我们不能遇到一个简单的问题就浪费半天的口舌，还表达不清楚。

沟通能力强的人，他们简简单单的只言片语就可能让人对他刮目相看。聪明人从来不会废话连篇，在分析某一问题或者表达某一观点时，他们往往能够一语惊人。在关键时刻，言简意赅的总结其实比长篇大论的论述更具有说服力。

特别是在谈判中，节约时间和一针见血的言论往往能促成双方的合作。关键时候的一句话往往具有突出重点、解决根本问题的巨大作用，一旦你能在沟通中紧扣主旨、一语中的地说中要害，起到发人深省的效果，你就能赢得成功。

一句深刻的话语虽然简短，却可以包含很多内容，切中要害的一句话通常能在很大程度上激发人们的想象力。

当然，很多时候也是源于一句不恰当的话，而导致谈判破裂。

我们知道，那些知名的广告商在与消费者沟通时，就深切懂得把握重点的巨大威力。他们是这一技巧的忠实而且有效的使用者。为了节省广告费用，广告商们都会绞尽脑汁地想出一句既简短又能全面概括、精确表达他们所要传递的信息的话语，所以我们每天接触到的广告语，几乎都是一语中的，简短的一两句话就能说到消费者的心坎里，让人们心甘情愿地掏腰包。

和陌生人的沟通贯穿了我们生活和工作的始终，不过无论是在生活中还是在职场中，我们都要讲究最高的效率，以最少的时间做成最多的事。这一目的的实现，关键就在于你能不能说到重点，节省时间，提高公关的效率。

国内管理大师余世维曾经在一次讲座中分享了一则他亲身经历的故事：

有一次，他去一家烧鹅店吃饭，老板便推荐店里的招牌鹅肉，但是他当时不喜欢吃鹅肉，可以说是根本不吃鹅肉的，于是就连忙摆摆手推辞，说他不喜欢吃，让老板不要再讲了，并且他还是一脸厌恶的表情。

如果是一般的老板，可能早就知趣地走开或者推荐别的菜了，因为顾客不喜欢吃嘛。但这位烧鹅店的老板很聪明，就问他：“天上飞的，路上跑的，海里游的，您知道什么动物从来不得癌症吗？”余世维摇摇头，老板接着说：“海里的鲨鱼是一个，另一个可就是鹅了。”

余世维听了老板的这番话，立即点了两盘鹅肉，而且把它们吃得精光。

烧鹅店的老板只是简简单单的一句话，就推动了消费的完成。因为他一句话就讲到了重点，而且是一定可以勾起顾客食欲的最要紧的一句话。

我相信，这是全世界的销售员和公关从业者都想学习和拥有的经验。

有一家印刷公司的广告语是这样说的：“除了钞票，我们承印一切。”只需要这一句话，它就战胜了其他的印刷公司，因为没有人能找出比它更为精练到位的语言，可以起到如此具有概括和营销作用的效果。

这句精短的广告语包含着很多信息：我们的经营范围很广，一切不违反法律的印刷业务，我们都能做；如果钞票可以由私人印刷的话，我们还可以印钞票，说明该公司的印刷质量绝对优等，速度绝对快，消费者可以放心地前来印刷。这么一句话，就打消了消费者的全部顾虑，简短有力地说出了该印刷公司的品牌诉求，能够达到宣传的目的，为自己赢得了大量的客户。

在人脉领域中，最难的也是最重要的，就是我们想给别人留下一种清晰独特的印象。而让别人记住你的最快捷简单的方式，就是通过适当的话语在最短的时间内表达出自己的主题。如果在沟通中，你分析问题时总能一针见血，那么就会成功地被别人刮目相看，从而给“贵人”留下深刻的印象。

与人沟通，话不在多，关键是精。

漫长的表达看似承载了大量的信息，能让对方始终听你讲，可往往会起到降低你的沟通效果的作用。

人们最烦的就是别人无休止地唠叨，说了半天却不得要领，根本就谈不到问题的实质。

所以，在作会议报告或者分析问题时，如果你能做到一针见血，字字击中要害，那么对方（领导、同事或客户）就会对你的逻辑思维能力和分析问题的能力另眼相看；而作为领导，在跟员工讲述问题的时候，如果你能够做到一语中的，不但会节省时间，提高工作效率，也会给员工树立一种高效率的典范。

最后一个重要的问题是，如果你在与老板的日常沟通中，对方经常都讲不出重点，你会怎么做呢？

如果你遇到此类事情，首先需要作一个分析。他是在忙别的事情，不太清楚你的工作内容，还是你自己的表达太过含糊，信息量不够，使你的老板很难回复呢？当你确定不是自己的问题时，为了从他那里得到最为明确的指示，你就要改变一下自己的说话方式——让他改变不是明智的选择，因为他是你的上司。

比如，我们可以将说话方式从咨询式变为选择式：

“老板，A公司在某地做了某某事情，我觉得很不错，我已经跟B、C和D都沟通过了。他们也认为很有帮助。所需要的时间是X，所需要的费用是Y，我和G、K就可以完成。你觉得怎样？要不然我们也做一做看呢？”

这样的表达就使你既讲到了问题的核心，又给了上司明确的选择，他从你的叙述中看到了最有效的信息，然后可以从容不迫地作出决定，你就从他那里得到了你最想要的答案。

只要你在沟通中耐心地去了解对方，洞察他的需求，讲出必要的重点是不成问题的。当然，还有许多沟通的技巧是你应该掌握的，比如语气、用词等，但总的来说，当你可以在每一次沟通中都能迅速讲出重点时，你就可以在人脉拓展中体现出足够强的行动力了。

◎低效率会毁了你的价值

如果人人都对你很厌恶，那么也就等于给你在这个人际圈子里的前景画上了一个句号。如果想避免这种问题的出现，你就必须尽最大的可能证明自己的价值，让他们看到你确实是一个值得依靠的高效率的人。

★高效率的体现

凡是一名明智的员工，他们都是为公司着想的，为了团体利益愿意付出自己的努力。高效率经常首先体现在你为一个集体的贡献上。

在工作中如此，在我们结交陌生的人脉时，同样也是这个道理。别人觉得你可交，能够听从你的意见，原因往往不是你说了什么，而是你能够做什么，提供什么价值。你的行动力是人们首先看重的，做事的效率高低，直接决定着你的价值的大小。

人脉的行动法则关注你具体的行为，而不是你说了什么或者想做什么。有些人尽管拥有伟大的理想，却是一个不折不扣的行动的矮子。他没有去实践内心的想法，所处的平台也不会给他实践的机会。这会使他成为一个价值很低和效率很差的人。总的来说，这样的人在生活中并不少见，我统一称他们为“无奈的低效”，其根本的原因是，他们无法为自己找到真正助力于人生的“加速器”。

因此，即便你足够优秀，也需要用行动来体现。我们渴望正确的行动，而不是堂吉诃德式的鲁莽行为。

只要你把握住了这些基本的原则，用你做出的最好的结果和高效率来说话，表明自己的价值。在这个前提之下，对方不管是什么类型的人，都会对你心生好感。

★最有效率的沟通要用行动体现

为了做成一件大事，你首先必须有诚意和耐心。一个人谋事的决心，不仅仅反映在口头上，更重要的应该用自己的实际行动来体现。第一，体现在表态和承诺；第二，则是对于承诺的兑现和行动的效率。

在长江实业集团的经历给我最大的启发，就是怎样跟一个人打交道——在沟通与合作的过程中，我发现只有行动才是最好的语言，也是最有效的沟通。

只要能够展开你的行动，就等于给你的人脉前景打上了优质的标签。

在香港的时候，有一次我和另一家公司的销售人员竞争同一个项目，去公关同一个客户。我们因为启动慢，明显落在了对方的后面，而且对方公司销售人员的方案也比我们出色，他们提出的优惠条件也更合客户的心意。

可以说，当我根据情报看到他的条件时，心已经凉了一半，认为这个项目肯定要落到他的手中了，因为以长江实业集团的习惯，根本不可能出让这么多的利益。我对主管说："放弃吧，只要不犯重大的失误，他们赢定了。"主管同意了我的申请。

但是晚上当我拖着疲惫的身体回家，上床睡觉前再想到这个项目时，我发现了它的前景，我决定等一等，再努力一下，不到最后一刻绝不能轻易放弃，哪怕最终输掉比赛，也比提前放弃更有价值。

我给客户打了一个电话，客气地询问该项目是否已经落定，客户给了我一个让我惊喜的回答："还没有。"

这表明，对方虽然提出了优惠条件，却迟迟没有落实。公关行动已经进行了一个多月的时间，这家公司还只是表现在口头上。我的条件虽然相对一般，却可以很早就兑现承诺，让客户看到我及长江实业集团的诚意和效率。

最后，我成功地拿到了订单。

用行动兑现承诺，是人类最高的智慧与品格。言出必行，有诺必践，只要答应别人的事情，就一定要尽快付诸行动。如此，才能体现你在对方眼中的诚信和效率，你的沟通才会有最好的效果。

但是现在的很多人，却总是在为失信找理由，就像这件事当中的我的那位竞争对手。他说了一大通，承诺了一大堆，却一直停留在口头上。生活中的我们也总在为没有达到目标、没有兑现承诺而找借口。只会说，不行动，又怎么能在别人的眼中留下一个好的印象呢?

真正的失败者自己并没有想到，为失败找一个借口就轻饶了自己，慢慢会成为一种习惯，会让自己养成失败的习惯。在人们看来，他当然不会成为一个值得交往的人。

日本的管理学家秋尾森田说："不守信用的人如同酩酊大醉的酒鬼，满嘴都是胡言乱语。这样的人最后只能引来怀疑和嘲笑。即使他清醒过来，也不会有太大的改变。"

在企业里，一诺千金的管理者会受人尊敬，他会用行动展示自己的高效率，从而使自己的沟通行为让人信任。那些朝令夕改的领导者则因为自己行动的低效，往往在员工那里得不到信任。

因此，我们也常听到四个字：一诺千金！这是沟通的灵魂，无论你是管理者，还是作为朋友的沟通，或者你是作为一名业务人员与客户的沟通，你都要懂得，要谨慎地发出承诺，并严格高效地去采取行动。在工作中对员工和客户都应如此。

当然，我们在生活里对于妻子或者朋友及老人和孩子，也应是这样的态度。为了暂时的进展而轻许承诺却不履行，一定会给工作和生活带来巨大的隐患，对你的人脉形象造成极坏的影响。

从人脉的角度看来，在与客户的沟通中我们更要守信，说到的一定要办到，这样才会赢得客户的信任，同样客户也才会对我们遵守承诺。

在华盛顿一家公司有一名优秀的销售人员，他的一位客户第二天就要过生日了，该销售人员承诺送花篮给他。送花是非常好的日常联系和加深感情的方式，在朋友和客户关系的维护中，这也是很常见的行为。

但是没想到的是，第二天却下起了瓢泼大雨。他本不想出门，但是考虑到自己的承诺，经过一番激烈的思想斗争，还是拿起雨衣，带上花篮，开上车，冲进了滂沱大雨中。

客户住在华盛顿的郊区，很远，大雨下个不停，乡间小路越来越泥泞，突然，车熄火了。站在雨中，看着熄火的汽车，不知道多久才能见到客户，他流下了委屈而无助的泪水。泪水归泪水，但是这件事还得做，他咬牙继续往前走。

一个多小时后，当他浑身上下湿漉漉、一身泥泞地站在客户家的门口时，客户也感动得流下了眼泪。

你想想看，这位客户会不会对这名销售人员产生更强的信任感呢？

有一次，我们的一名培训师在给一家企业作人脉培训时，客户非常热情，不仅在培训中给予了极大的支持和帮助，而且在培训师离开的时候，还买了一些当地的特产让他带上。培训师很是感动。刚好当时那位客户准备参加一个公开课，所以两位客户与培训师一起回旧金山。由于之前一位客户曾经说过，他对唐人街的茶点非常感兴趣，为了向客户表示感谢，培训师就说："在你参加完课程回去的时候，我一定准备些旧金山唐人街的茶点给你带回去。"

为这件事情，他还专门吩咐公司的客服经理，让他在客户离开那天带上买的东西去送客户。后来，客户在准备离开的时候打电话来表示感谢，培训师问客户公司的客服经理有没有去送，客户却说没有见到。

我们这位培训师当时一听就生气了，心里想："怎么会这样？这对我们来讲是不可思议的事情，我们不能允许这种事情发生。"放下电话，他立即打电话给客服经理，得知由于一些原因客服经理没有去送客户。

培训师当时非常生气，几乎在电话中毫不客气地表达了他的愤怒之情。打完这个电话，培训师再一次致电客户，向客户表示了歉意。然后，他将事情向我作了汇报。

第二天，我们召开了全公司的集体会议，重点讨论了这一个问题，让大家自由发言。有些同事认为这是小事情，不就是没有送客户吗？值得这么大惊小怪吗？这位培训师当时就告诉他们："服务无小事，与客户的沟通就在于细节。有些事情看上去很小，但那是对我们而言，对客户来讲，再小的事情也是大事情，否则我们怎么开展工作？我们在教别人学习人脉公关，我们自己却做不好，这简直就是一种耻辱。”

人们无法延长做事的时间，但我们都可以追求并提升自己的做事效率。每个人都有不同的低效率的情况，但是大都可以通过调整来进行改变。即便你的能力不高，或者你给予别人的承诺并不是非常具有诱惑力的“蛋糕”，但你兑现的时间非常迅速，言出必行，也能给人留下深刻的良好的印象。

★目标和计划的实现前提：平台的选择

对于自己的事业发展，效率当然也是一个明显的指标。一个低效的人，他不但在人际关系方面会比较被动，在自己的人生之中，也容易付出较多的代价却收获极少，从而极大地降低自己的价值。

首先，你的人生要有一个明确的目标，然后再为了实现自己的目标，制订出切实可行的计划，来逐步达到目标。

人一旦有了自己的目标，就会围绕这个目标进行努力，会想方设法制订一些具体的计划，然后积极行动，为早日实现自己的目标而奋斗不已。许多人虽然生活得很累，也想结交更多的人脉，但他们大多没有什么目标，整天糊涂度日，一生忙碌，到头来却一事无成，默默地度过余生了事。

人生不在于时间的长短，而在于生活质量的高低。如果你不甘于平庸，就要从现在开始学会高效率做事。

其次，你要懂得挖掘自己的潜能，让那些潜在的能力发挥出来。当你的潜能被激发出来时，常常能起到出人意料的良好效果。

约翰看见儿子马歇尔在戴维斯的店里招待顾客——他将儿子送到这里打工和学习经验，就问戴维斯：“嘿，近来马歇尔的生意学得好吗？”

戴维斯把一只苹果递给了约翰，然后回答道：“约翰，我们是多年的老朋友，我不想让你日后懊悔，而我又是一个直爽的人，喜欢讲老实话。马歇尔当然是一个稳健的好孩子，这不用说，一看就知道。但是，即使他在我的店里学一千年，他也不会成为一个出色的商人的，因为他生来就不是一个做商人的材料。所以，约翰，你还是把他领回去，教他学养牛吧！”

从这个评价看，如果马歇尔依旧留在这个地方，在戴维斯的店里做一个每个月领几百美元的穷伙计，那么他日后绝不会成为举世闻名的商人。可是他后来到了芝加哥，亲眼看见在他周围有许多原来很贫穷的孩子做出了惊人的事业，他的志气和潜能突然就被唤起了，他的心中也燃烧起了一个要让自己成为大商人的决心。

他问自己：“既然别人都能做出一番惊人的事业来，为什么我却不能呢？”实际上，他具有成为大商人的天赋，但戴维斯店铺里的工作不足以激发他的潜能，无法发挥自己贮藏着的能量，尽管他在那里踏实地干着。

问题就在于，他有很多想法在这里无法得以实现，这样一个小小的平台，不能支持他拿出实现梦想的行动。他不但有理想，还具备反思的品质。他发现了自己的弱点，然后迅速更换了方法，来到适合他的地方开始努力。因为马歇尔在行动上的效率得到了体现，既没耽误时间，也没有浪费自己的才华，所以他才实现了自己的价值，受到了人们的普遍尊敬。

大多数人的志气和才能都在他自己的内心隐藏着，可能一辈子也不能释放出来。这需要一些特殊的条件，比如要靠外界的东西来激发它，但是更需要他自己内心的训练，比如他的意志力和决心，他对做出大事业的渴望。

那些可以做一番大事业的人，假如他们是注定要成就事业的，那么他们成功的原因不是他的人脉有多广——这只是人们普遍追求的一种表面现象和工具，而是因为他们善于通过外界的条件把自身的潜能激发出来，用自己的实际行动去成就更大的事业。

突破六度人脉的困局

Part 6

在竞争中合作，在合作中实现双赢，在双赢中沟通，这才是让一个人事业、人脉双丰收的一个必杀技。如果放弃了良好的沟通和团队合作的精神，这个人即便能力再强，距离失败也不远了。

◎主动沟通的赢家

大多数时候，人与人之间的很多矛盾冲突，都是由我们不正确的认识和错误的评判造成的。面对种种人际困局，我们往往陷于错误信息的捆绑和得过且过的思维，在改进方面缺乏主动性。

在相互沟通的过程中，有时候你免不了处于被动之中，毫无还手之力。想要冲破这种困难的局面，就得适时和适当地主动出击，使对方处于下风。这是对于“方向盘”的争夺。

不过你要注意，无论你处于一种什么样的困境之中，都不可推卸自己应该承担的责任。否则你的主动出击，只会让人觉得你是一个超级没有素质和无理取闹之徒。

★有效沟通的关键在于“主动”

在现实世界中，大多数人——那些总以为自己不必承担更多责任的人，一般习惯于向别人伪装自己，以至于最后我们都会向自己展示这种并不存在的伪装。我们在交际方面是被动的，即便是与自己的内心交流也是如此。

在实际的沟通中，虽然我们知道，彼此的认同既是一种可以直达心灵的技巧，同时又是沟通的动机之一，可是我们为了实现这种认同，总习惯于守株待兔，希望别人主动，自己只想坐享其成。

在六度人脉领域，沟通的三个主要要素如下：

基本问题——心态（Mindsct）；

基本原理——关心（Concern）；

基本要求——主动（Initiative）。

除了心态和关心外，沟通的基本要求——主动性，在人脉公关和交际中的重要性是排在第一位的。

你在沟通中是否主动，现在你就可以作一个自我检测，方法如下：

1. 当你从一个部门的副手被提拔为主管的时候，你有没有主动地与其他的部门主管打一个招呼，问一句："您看我需要怎么跟您配合？"

2. 当你从部门主管被提拔为公司副总的时候，你有没有主动地对你的老板说："老板，以前这个位子是谁坐我们不用去管。现在承蒙您提拔我，我现在坐上这个位子，您觉得有什么地方以前做得不到位，您需要我从哪些方面努力？”

请问，诸如此类的沟通之语你是否讲过呢？

如果想登上成功之巅，并希望在人脉方面获得源源不断的持久回报，你就需要永远保持一种主动率先的精神去做事和沟通。当你让这种积极的态度成为你的人生习惯时，即使你面对缺乏挑战或毫无乐趣的工作，经过你的一番努力，最后也终能获得丰厚的回报。

通过上面的两个问题，我们并不难发现，一个人在升了副总之后，很少去告诉老板说，自己有什么地方需要努力。其实，只要他讲话的技巧运用得好，接下来，老板就会把自己的心里话对他讲出来了。

第一，沟通需要我们坚持主动地跟踪人脉目标。

具体来说，在第一步中，我们要做好以下的细节和注意相关的事项：

1. 主动地联系对方

比如我，在跟踪关系人时，遵循的原则永远都是“主动”联系，而不是“被动”地等待对方的召唤。

对于我们跟商业领域的客户间的沟通来说，这尤其重要。举例来说：很多专业的公关或销售人员，他们在给客户发送了产品资料或者邮件后，就开始“守株待兔”了，他们希望客户会主动地联系他们。他们盼望客户一定有需求，然后会想起这封邮件或他发的资料，在他设定好的时间来找他下订单。

可能吗？在大多数时候，这种事是不会发生的。

我主张的则是，千万不要遵循这一“被动守则”，而是应该积极主动地与你的客户沟通，你要热情地去询问客户是否收到了你的产品资料，或者是否收到了你的邮件，对于你的产品和技术、报价还有什么疑问或者需求，需要你做什么工作。

这样做的好处非常明显：一方面，表达出了我们的诚意和专业的服务姿态，我们尊重和重视客户；另一方面，这也便于我们随时了解客户的真实需求，掌握商业合作的进度，做到有条不紊、未雨绸缪。同时，也避免了某些时候客户没有收到我们的产品资料或者邮件，从而造成信息不对称，客户就算真的对产品动心，他也无法联系到我们。

在现实社会中，客户很多时候是不能或者没有及时地收到我们的产品资料和邮件的，如果我们不能积极主动地联系对方，那么客户就更不会主动联系我们！这在商业人脉的沟通中，是一项非常关键的原则。

2. 坚持与对方的全面的沟通和联系

跟踪我们的关系人，要做到全方位和多形式，进行综合性的主动随行，不管是电话、短信，还是QQ、MSN、邮件等，总之，一定要保证每个星期会与重要的客户或你的核心人脉进行至少一次以上的沟通和联系。

这样一来，既能表示我们对他的尊重和重视，又能很好地提醒对方

“你的存在”，当他一旦有真正的需求时首先就会想到你；或者当你对他有所请求时，你在他心目中的印象也能保证他满足你愿望的概率大大增加。

3. 坚持在每个周末跟重点关系人用短信息的形式主动沟通

这是我多年以来一直坚持的习惯，也是人脉沟通的“主动性”的核心所在。我们可以在每个周末，更具体点是在每周五的下午或晚上，给所有的重点关系（比如已经签单的客户，即将签单的客户，重点跟踪的客户，需要长期跟踪的较重要的客户，重要的朋友或贵人，潜在的重要关系）逐一地发送问候短信息。

在这其中，如何发送短信息也有严格的要求：

短信息必须逐个发送。绝对不能群发给一群人，否则还不如不发。发给对方的短信息必须有针对性，不能千篇一律，要根据对方的性格特点和最近状况编写恰如其分的内容。

在发送的短信息中，应该严禁出现错别字或者是明显的标点符号错误，内容排序要美观，要有逻辑性，利于对方的理解和阅读。

第二，沟通需要我们坚持作好快速响应。

主动性的另一个内涵是执行力。现在每家公司都在强调执行力，我认为执行力在人脉领域显然更加重要；而且我发现，大部分时候，执行力就体现在我们的时间观念上面，简单来讲，作好快速响应，就是强化我们的执行力。

我们在跟踪关系时，要始终坚持、强化作好自己在沟通中的快速响应，这会帮助你赢得对方的长久信任。那么，如何才能做好快速响应呢？我认为主要包括以下的四点：

1. 给对方一个明确的时间

人脉公关最讲究的是诚信和有诺必行。当客户提出需求时，我总是会在第一时间给予对方一个明确的时间。比如说：有些公司会要求我们提供一个全面的解决方案和报价，我则会仔细询问对方的具体需求，评估设计这个解决方案和报价大概需要多长时间，然后告诉客户，“我们会在某一段时间内给您发送过去”。

有些人在这方面的表现就不及格，他们要么轻易地承诺，要么不明确进行回复，这样就会给自己的客户留下一个很不好的印象，造成后期的合作停滞乃至于停止。

2. 当场不能明确自己的响应时间的，必须在一个大致约定的时间内给予对方明确的反馈

比如：客户要求我们完成某一种比较特殊的培训课程，我们没有办法当场给予客户明确的答复时间。那么，我的做法就是明确告诉客户：“您提的这个问题，我需要召集相关的人员开会讨论，出于对您的负

责，我们必须这么做，但我会在明天上午之前给您一个明确的答复，您看这样好吗？”

这样的答复，就会让客户非常满意，同时也能让我们最大限度地赢得客户的理解和支持。当然，在说了这个话之后，紧接着，我就会去召开重要的团队会议，了解要解决这个问题大概需要的时间，然后在第二天的上午（也就是约定的时间内）直接联系到对方，给予客户一个明确而又让他满意的回复。

3. 我们要说到做到，真正做到有效的“快速响应”

给对方作出了承诺，那么接下来的工作，就需要我们全力以赴完成已经许下的承诺，“说到做到”，给予客户最大的信任！

在这一点上，我需要特别指出的是，要想“说到做到”，努力兑现你的承诺，有时只是自己做好还是远远不够的。有的工作会涉及其他的相关部门，像产品的销售人员，他们在给予客户承诺时，单凭一个人的力量很难完成自己的许诺，而是需要公司的配合。

除了销售人员外，可能你的其他同事并不会关心你的这些“承诺”，这就需要你更积极主动地去努力，去沟通，去公关，以实现各个部门之间的配合，并让他们懂得这样的关系并不只是你个人的“人脉”，而是集体共有的“资源”。

4. 主动与对方沟通，加强回访工作

这一点在销售中你会发现表现得格外重要，对于你的重点客户，尤其是那些已经签单的重点客户，你必须学会加强对客户的回访工作，主动与客户沟通，提前了解和发现问题，从而在问题积累之前解决问题，进而赢得对方对于你的更大的满意度，利于接下来的合作。遗憾的是，国内许多公司虽然已经注意到回访的重要性，但在具体的操作上和行动上，做得还远远不够。

因此，不管你要做什么，主动地去跟别人沟通都是一项极为重要的原则。

★沟通中的主动支援

几年前，在日本东京曾经发生过一场台风。因为东京是很少有台风的，人们只听说这座国际大都市经常地震，所以对台风的防范重视不够。那一次遇上台风后，结果整个东京的交通瘫痪，地铁、电车都暂时中断了。

当时，在东京的地下车站里面滞留了两三万人。大家都很着急，尤其是国外的游客。但是没多久，人们就听到广播说："各位乘客请注意，现在外面有暴风雨，交通完全中断，请各位少安毋躁，不要远走，我们很快将便当送过来……"

这是怎么做到的？原来东京地铁站向东京市政府紧急呼救，全市所有做盒饭的餐厅一下子就送过来两三万份盒饭。至于这份盒饭多少钱，已经不重要了，重要的是能够在最快的时间，为地下车站里出不去的人送来两三万份盒饭。

这就叫做主动支援，在对方提出需求之前，你就能以沟通的方式满足对方的内心需要。

支援在沟通中有多么重要？我们只要看一下上下级之间的协作就知道了。在任何组织中，如果老板或上司可以用支援的态度对待他的下属，与下属形成良好的支援关系，就能使组织的目标与组织成员的个人目标和谐一致，就可以打造出一支强有力的团结的团队。

管理者的支援，可以使下属为了达到组织的总体目标而竭尽全力，进行忠诚的奉献。

支持自己的手下，可以使他们有更多解决问题的办法和更大的施展才华的空间——这正是你的每一名员工和下属真正渴望得到的环境，这也能让他们接受更多的挑战，从而成长得更快，享受到更多的成就感和满足感。

通过支援性的沟通，能够让你的员工独立地处理工作，增加实际的业务能力。管理者这么做，还能使自己从日常的琐事管理中解脱出来，能够有更多和更有效率的时间去思考公司的战略问题。

但需要注意的是，老板对于下属的支持不应该是保姆式的。我们经常会遇到一些忙于救火和事必躬亲的企业老板，他们或是认为下属能力不够而怕出差错，或是乐于通过亲身参与而分享成功的喜悦，或是一相情愿地认为下属需要并希望获得他们的强大支援。我在国内和海外都见过不少这种类型的管理者，他们害怕员工做不好自己安排的事情，而且想当然地认定手下的能力是远远不如自己的。所以在具体的做事和沟通上，他不但不给予支援，反而会掐断对员工的支持，偏重于由自己主导一切，只让员工做一个“不需要思考的执行者”。

但是事实上，如果一名管理者过多地去参与下属的工作，时间久了，一定会使这些人缺少战略思考的意识，会增强他们对于“强者”的依赖性，你的公司或部门也就难以培养出能独立工作、能打硬仗的团队；同时，还可能损害你的手下的自信心和成长信念，破坏公司内部本来可以更为和谐高效的上下级关系。

所以，如果你是一名企业的管理者，那么你对于下属的沟通支援的侧重点，更多的应该是鼓励方面的、精神方面的和放权型的，而不是事必躬亲，将每一件事的主导权都紧紧地握在自己的手中，不给手下一丁点儿思考的机会。

按照马斯洛的需求层次理论，一个人在满足了他的最基本的生理需要后，会转向高层次的自尊和自我需要的实现。那么在现代企业中也是这样的，员工已经不是以前的以工作换取生存的低级阶段，而是开始要求被尊重和认同，希望在一个适合的平台上实现他的价值观和理想，这已经成为他们的工作是否快乐的最基本的要素。

也就是说，员工希望得到自己上司的主动支援和放权，给予他们沟通的积极态度和鼓励他们放手去干。

美国著名的教育家内尔·诺丁斯博士曾经撰写过一本书，名字叫做《学会关心：教育的另一种模式》。在这本书中，我们可以看到的一个主题就是“关心”，作者在他的引言中告诉我们：“关心和被关心是人类的基本需要。”

从字面上理解，关心，是一种问候与帮助别人的表达方式，是人们的一种发自内心的真挚情感。但从本质来说，关心就是支援。如果你学会了关心，就等于学会了做人，同时学会了生存。

从人际关系的角度来看，这话说得一点儿都不错，关心就是沟通中的主动支援，是沟通中非常重要的一环。

★如何做好主动支援?

○要全方位地支援

这一点对你的中层干部来说可能更有必要，因为大多数公司的中层管理人员的价值相对于普通员工来说更大。

中层干部是一种庞大而又极为重要的关系资源，对管理者控制整个公司至关重要。所以，对他们进行心态管理，学会关心他们的需要，是非常有必要的。

对高级管理者而言，要抓住并拓宽这部分关系资源，通过他们控制公司，那么你一方面要积极进行人力资本投资，直接提高他们的专业技能，开发其智能；另一方面，你要进行内心资源的开发，促使这些人发挥更多的积极性和潜能。

你必须懂得尊重他们，理解他们，懂得他们的心，了解他们的需要。然后，你还要针对其行为、心理、人际关系等各方面，进行有针对性的管理。

○支援应从细节入手

支援必须重视细节，而且也应该在细节上体现出来。

比如在美国的IT界，当员工在公司加班工作到很晚的时候，有的老板会派按摩师来帮他们按摩；而且他们知道，员工当中学理工的人比较多，他们不擅长讲话，沟通能力不是很强，所以老板允许员工在办公室摆上玩具，允许他们在办公室里铺上地毯，穿着拖鞋，而且允许员工在休息室、娱乐室内去依着性子尽情地发泄和释放。

这些聪明的做法，就是一种关注员工的需求与不便的细节体现。支援不应只体现在口头上，还应在这些细微的环节以具体的行动表现出来，让员工充分感受到你的诚意和善意。

对于员工或你的部门主管的关心应该如此，他们的工作强度大，承受的压力也较为沉重，所以你应该尽量给他们一些沟通上的小方便。比如，在我的公司，我允许他们有时在办公室里听音乐、不打领带等，而且有时我也允许他们带家里人到办公室内坐一坐，我还会过去跟他们谈笑风生，相聊甚欢，这给了员工极大的精神鼓励。

你要知道，一些微小的措施也可能带来很大的效果，并不一定需要喊出多么感人的口号。

○关注工作的满意度并且支持他们

对于工作感到满意并且在这种氛围中十分愉快的人，他们自然会有很高的意愿为公司效力，而那些对工作不满意的人，则会在工作环境中，让自己的生理、情感和健康都受到或大或小的影响，导致他们容易迟到、缺勤或者离职，甚至可能会采取对公司的利益有所损害的行为，对你的名声有所攻讦的举动，使你白白浪费掉这一个员工资源。

因此，我在培训课上，建议所有的企业管理者，都要充分地关注自己手下的工作满意度，这对于公司的发展很重要，对于公司内部的人际关系的和谐也非常关键。

★沟通中的主动反馈

有一次，我与妻子去英国看望宝贝女儿，顺便在英国玩了几天。有一天我们去某个公园参观，那天不知道什么原因，排队买票的人特别多。大家正在着急时，不远处又新增了一个售票点。这时，负责维持秩序的警卫人员提醒我们说：各位，对不起，前面刚好有两个观光团，所以动作慢了一点。现在已经紧急叫我们另外两个吃饭的同事马上过来帮忙卖票了，希望大家少安毋躁！

后来，我们进到公园里面去参观的时候，发现路旁有不少这样的提示性的牌子，上面写着：从这里到门口还有五分钟。然后在后面的一段路上，我们又发现插了一个牌子，上面写着：从这里到门口还有十分钟。

这段文字的意思就是：各位观光的游客，请您慢走，不需心急。

不论是游客在那里排队买票，因为太慢心中着急难受，这时有人出来解释一下，还是园内出现提示游客的牌子，这都叫做主动反馈。

我当时想，这真是一种很完美的习惯。然后我就反问自己："作为一名每天给别人上课的人脉公关领域的顾问，你有没有这种习惯？"我惊讶地发现，就连我在这方面也存在一些不足，毕竟一个人的习惯养成，与一国的制度和一个团队的好的风气，是息息相关的。团体习惯常常是群策群力的结果，一个人的习惯则只能靠自己。

总的来说，对于一次有效的沟通而言，一方面要我们主动支援，另一方面则要我们主动反馈。

任何公司和个人只要能同时做到这两点，公司成员之间，或者你与别人之间的沟通就会比较顺畅，解决起问题来就会十分轻松简捷。即便遇到困境，你也能够很轻易地突破，把看似棘手的各种问题都迅速地予以解决。

在我们的日常工作中也是一样，如果工作进展了好几个月，也不见你向上司汇报一下进度和状况，那么你的上司内心会非常着急。你应该每个星期都向上级汇报一下工作的进展情况，或者提出一些你的建议，或者寻求老板的支持和建议。

比如"我需要您给予资金的支持"，或者"我这个方案还有一些不完善的地方，希望得到您的指点”。

那么，你的上司会非常清晰地知道工作的进展，也就更容易制定公司的战略，同时也能监督和检查你的工作成果。这对于你和整个公司都是非常有益的。更为重要的是，你会在上司的眼里留下一个良好的印象，这有益于加深你与上司的关系。

我们可以举一个例子：陈小姐是某总经理的助理，总经理要到某座城市参加一场会议。总经理一下飞机，陈小姐就在车里面不停地向他作汇报，从来了多少人、什么人参加，到会场布置、银幕设置，事无巨细，将会议的准备进度向他汇报得一清二楚。

如果她不这样做，而是反过来等她的总经理来询问这些事情，那么陈小姐的价值就要大打折扣了。

所以，不管从事什么工作，你都一定要养成好的习惯，就是对工作进度要主动地汇报，和上司进行沟通，以便让他知道你在做什么，事情做到了什么程度。带着问题向老板汇报工作，同时附带上一个可行的解决方案，这一点，其实是你在老板面前展示自己能力的绝好机会。

反馈的背后，是你是否忠心和能不能持续地拥有机会。

从你的老板那里得到资源以后，对于这些资源的利用结果，你要不要反馈给他呢？

当然，你要看你的领导对此是否关心，他对你正在处理的这件工作的重视程度如何。一位称职的领导，他肯定需要对一切都了若指掌。从这个角度上讲，没有一名上司不关心下属的工作。如果是他亲自安排的事情，其重要性自然就不用多说了，他肯定对于你的工作进展非常关切。

而且，你的上司不主动过问，并不等于他不关心。一般来说，下级做的事，领导一般当时都会知道90%以上，剩余的也会在短时间内搞清楚。否则，他就不是称职的上司，或者他就没有资格来做一个部门主管。你千万不要以为自己可以在某些事情上瞒住他，即便他不说或装作不知道，也不过是他在装糊涂，通过这种手段在观察你。

不管什么时候，你都一定不要低估上司的智商，否则只能说明自己幼稚。他能够坐在那个位置上，就一定有他的过人之处。

所以，问题就出来了，是你主动反馈给领导，尤其是他十分关心的事，还是让你的上司去落实和慢慢地猜想？答案当然是前者。如果你总是被领导在后面催要结果，让他为事情操心，那么你的处境就非常危险了。

这既会耽误他的时间，也会影响你自己的工作，增加工作的风险——一些未经沟通就贸然执行的事情，或许最后并不会得到上司的认可和支持。

时间长了，你在上司的心中就会产生一种“不可靠”的印象。甚至，他会觉得你对他不忠心，不值得再给你工作上的支持。

★沟通主动反馈的基本类型

按照交际中的“反馈内容”来划分，我们可以把沟通中的主动反馈归结为以下的几种类型：

1. 判断式的反馈

判断式的反馈是沟通中常见的一种反馈形式，主要是指针对表达者发送的信息内容来发表自己的主观评价和判断，以引起进一步的话题，确定对方的意图。

在这个过程中，它又可以分为两种。

①肯定式的判断反馈

肯定式的判断反馈，是对交际对象的表达作出一种正面的评判，因而它对于交际对象具有鼓舞和愉悦的作用，鼓励他继续说下去，有利于融洽交际双方的关系，推动交际活动的开展。

在洛杉矶唐人街的一家超市，一位顾客与服装店的销售员发生了一场对话：

顾客：这件时装真漂亮。

反馈：是呀，小姐，您那么漂亮，穿上这件衣服就更漂亮了。

顾客：我试一试行吗？

反馈：小姐，你尽管试。

顾客：多少钱？

反馈：这件衣服不还价，只有220美元。

顾客：太贵了吧？

反馈：这种衣服现在只有两件了，我们前天进了几十件，差不多在三天内就销售一空，等到下一批进货时，可能还会涨价。

顾客听到这里，顺利地买下了这件衣服。

在这场顾客与营业员之间发生的沟通中，营业员采用了肯定式的判断反馈法，迎合了顾客的心理，从而卖出了这件服装。

②否定式的判断反馈

与肯定式相比，否定式的判断反馈是相反的一种方式，它对于交际对象的讲话作出负面的评判，然后起到一种有利于实现自己目标的引导作用。

否定式的判断反馈如果运用不当，可能会使双方的沟通中断，但如果运用有效，则会很容易地实现自己的目标。

我们可以用美国谈判专家科恩到席尔斯百货商店购买冰箱的故事作为例证：

店员：欢迎先生光临，这是第一流的冰箱，每台490美元。

科恩：呀，太贵了吧！

店员：先生，第一流冰箱当然是第一流的价格。

科恩先生便不再争执，而是围绕着冰箱转了几圈，然后皱皱眉头，又开始了对话：

店员：先生，您亲眼看到了的，这确实是第一流的质量。

科恩：这冰箱看起来很好，可是质量并不过关，我不买了。

店员心情紧张地说：这冰箱可是第一流产品，哪有什么毛病？

科恩不慌不忙地指点说：你瞧，这里面有一个小斑点，就在这边，光线较强时，这小斑点难看极了，现在在商店不显眼，搬回去就太显眼了。

店员伸着头，跟着科恩的手指看过去，口里不再作第一流产品的推介。科恩一面打开冰箱，一面继续和店员对话。

科恩：你再看冰箱这一处结构不很合理，存放东西不方便，不如某某牌子好。

科恩最后迫使店员降价出售。

在这个例子中，科恩充分运用了否定式判断反馈的方法，迫使交际对象沿着自己的目标方向行进，从而实现了他的目的。

2. 回避式的反馈

这是一种消极的行为，对于对方的表达，不作任何评价，给予回避的态度。

因此，不是在迫不得已时，一般不要采取这种办法。

它的运用原则出于两种情况：

①为了避免落入对方的陷阱——你判断到对方已经为你挖好了陷

阱，所以不正面回答对方的问题。

②为了表示对对方的尊重，不想让沟通成为一种尴尬的僵局，所以必须采取这种回避的方法。

比如，在与客户进行商业谈判时，我们就适合在关键的时候回避问题，去谈些轻松愉快的话题，创造一种轻松愉快的气氛，使问题能够得到慢慢解决的机会，而不是一上来就发生正面碰撞和激烈争论。比如：

"欢迎您，见到您我真高兴！"

"我也十分高兴能来到这里——我们这笔生意如何？"

"这笔生意对你我都至关重要。但首先请允许我对你的平安抵达表示祝贺。旅途愉快吗？"

"非常愉快——交货期还有什么困难吗？"

"这个问题也是我们这次要讨论的——途中饮食怎么样？来点咖啡好吗？"

在这次沟通中，虽然对方一直在紧追关键问题，但后者通过其他的话题巧妙地进行了回避，没有将正式谈判中需要磋商的问题在开始谈判前就进行接触，从而保持了一种友善的气氛，为他们的正式谈判打下了一种良好的基础。

3. 慰藉式的反馈

这属于一种积极主动的反馈形式，体现的是你自己与他人沟通的主动性。

慰藉式的反馈对于润滑人际关系，增进你们之间的理解和友谊是必不可少的。不论是在朋友之间，还是在商业场合，它的作用都不可小视。

当你对别人采取这种慰藉式的沟通反馈时，首先要注意两点：

①慰藉的语言和用词不可以太滥，要合情合理，太过夸张则显得虚伪。

②态度一定要真诚，不可以用一种居高临下的态度施舍你的同情，也不要做作和表现得轻浮，让对方觉得你是在应付他。

在华盛顿我们公司对面的超市，曾经发生一件这样的事：

一位太太买了两支牙刷，没有付款就走了。她好像有心事，忧心忡忡地直接走出了超市的门。

如果你是营业员，你会怎么办？你是呵斥她，还是报警？或者采取更为恰当的办法？

超市的营业员是一位漂亮的白人女孩，她三步并作两步地追上顾客说："这位太太，实在抱歉，刚才我服务不周到，没给您把东西包好，请让我给您包好您再拿走。"于是，这位太太不明就里地又随着营业员回到了柜台。

女孩边包牙刷边对她说："太太，这种牙刷每支2元5角，你买两支就是5美元。"

经女孩这么一说，太太忽然醒悟地说："啊，我真是犯了一个错误，竟然忘了付钱，谢谢你的提醒。"

这位太太急忙掏出钱包，支付了5美元。

4. 解释性的反馈

首先，什么叫做解释性的反馈?

这是一种我们用自己的话重述表达者的主要观点并进行解释和表述自己的见解的方法。通过这样的解释，可以有效地体现出自己的倾听效果，让对方觉得我们真的用心在听了，而且还有积极的见解。

解释性的反馈有以下优点：

①它能够表明你对对方所讲内容的关注和理解程度，是一种尊敬的表示，说明你尊重对方的讲话。

②它有助于你确定对表述内容的理解是否准确，可以及时得到对方的反馈，增强沟通的效率。

③通过你的解释和进一步的理解，可以引导你们之间的谈话向更深入的方向去发展。

比如，有一位客户到我们的公司前台咨询企业人脉培训的问题，与我们的咨询顾问发生了一场谈话：

“请问，我们需要为期一周的经理培训，参与成员有七名，大概需要多少钱呢？”

咨询顾问回答：“您好，大约需要七千美元。”

“哦，值得花这么多钱吗？”

“您的意思是说，为了维护公司内部的人际关系，增加内部的凝聚力，提升部门经理的沟通能力，不值得付出七千美元，是吗？”

客户听到这里已经若有所思：“当然不是，毕竟这并不是庞大的费用，虽然公司的人际关系管理特别重要，但是，现在的管理成本的确已经越来越高，所以我才有此疑问……”

咨询顾问接着解释道：“正如您说的，目前公司的管理成本越来越高，任何一家公司的管理者，都会希望用最少的钱办最多的事，因此，您的担心完全有道理。但是，管理成本升高的原因在哪里呢？是不是在沟通中耗费了大量的无效成本呢？通过合理的培训，可以帮助部门经理更快地把握问题的核心，然后以最小的成本消耗解决这一类问题，虽然公司为此支付了七千美元，但在总体的成本支出上，是不是会有所降低呢？”

客户听了，愉快地接受了我们的报价。

解释性反馈的方法，在商务性的沟通中运用较多。如果你能充分地理解这一种方法，对于你把握顾客的心理和消除他的疑虑将会非常有效。

★沟通主动反馈的基本要求

在沟通和反馈的过程中，应该具有六个基本的特点。或者说，我们在主动反馈时，要达到并满足多循环性、即时性、连续性、真实性、适切性和准确性这六项最基本的要求。

1. 反馈应该具有多循环性

什么叫多循环性呢？相对来说，单循环就像上司对于下属的工作命令，下属一般是没什么反馈的，只是机械性地接受安排，这就是沟通的单循环。而在具备活力的沟通中，交际双方对于一系列的交际内容或同一内容的一系列问题，接受者必须及时地发表自己的意见，而不是将所有的问题集中起来，在日后再作反馈——就像普通的员工那样，然后谈话就结束了。

单循环的方式，其效果总是不理想的。我听到许多管理者的抱怨，他们说：“手下总是不能在我安排工作时及时探讨问题，他们只会说‘是，哦，行’这样让我大感无味的词语，拿了任务就走了，过了几个小时甚至几天的时候，才又写了满满一纸的问题找我解答，听我的指令，这很耽误时间，使公司的效率大受影响。”如果这样做，管理者与下属的沟通就是失败的。

正确的解决办法，是让沟通成为一种多循环性的反馈方式。一个人往往既要是信息的发出者，又得是信息的接受者，在这种多循环的过程中，沟通的双方都在扮演着双重的角色。这种交际角色的双重性，就要求我们在整个交际过程中，必须保持紧张状态。只有这样，才能更专注地倾听和更有效地接受，才可以保证反馈的准确性和及时性。

换句话说，双方要形成热情而深入的讨论，将每一个可能发生的问题在第一轮的沟通中就予以解决，产生更多的火花和灵感，增强沟通的效率。

2. 反馈应该具有即时性

沟通总是在具体的时间和具体的地点中进行，作为接受者来说，对于信息表达者的讲话内容是否有所理解，理解了多少，将作出什么样的反应，在一般情况下，你必须即时向对方反馈，不要坐下来想半天或者隔一天再发封电子邮件进行回应。

否则，你就会给对方反应迟钝、思维迟缓的印象，有损自己的交际形象。而且严重者，会使你们的沟通根本无法持续下去，从而关闭了继续沟通的窗口，使这个关系离你而去。

因此，在我们的沟通过程中，要尽最大的努力避免以下的情况出现：

①不要作逆向的跳跃式的反馈。

当你回应对方的信息或问题时，千万不要跳过对方现在正期待的问题，重复谈起其他的已经谈过的话题，或者人家正在总结式谈话，结果你却不停地提出新的疑问。如此一来，你的这种逆向的思路和跳跃式的反馈，就会极大地干扰谈话的顺利进行，扰乱讲话者的思路，使你们的这场沟通变得杂乱无章，搞坏对方的心情，对你来说几乎没有什么好处。

②在你们的本次沟通结束以后较长的时间，除非有特别重大的问题，或当时声明保留意见者以外，一般不宜再去把自己对于本次沟通的意见反馈给讲话者。

重提旧事的本身并没有什么错误，但因为你的交谈对象有可能已无法回忆起当时讲话的内容，即使有些印象，也已经脱离了当时的具体语言环境，理不清来龙去脉了。所以，他也就很难根据你的反馈信息调整、解释自己的讲话内容了。

因此，你的这种马后炮和事后诸葛亮的态度，对于解决你们之间的问题来说并无裨益。你除了满足一下自己发泄或表达观点的愿望以外，也很难对于事情的真正进展和关系的加深起到积极的作用，还不如闭嘴不谈，不要再纠结于此次谈话留下的疑问。

3. 反馈应该具有连续性

一般而言，沟通并不是一次性完成的，往往是在多问题、多角度、多层次的交谈中进行。比如我们与客户的公关、谈判，我们的每一次发话，引起一次反馈；而反馈又成了另一段话语表达的开始，这种新的表达和话题，又会引出新的反馈。

这就形成了一个“表达——反馈——再表达——再反馈”的连续的交替循环过程，是由交谈本身的特点所决定的。

因此，我们在实际的沟通过程中，要注意自己主动反馈的敏锐性。我们要善于就一系列交际内容或同一内容的一系列问题，及时地、敏锐地作出连续的回答，展示你的能力、应对力和丰富的才识，以保证沟通的顺利进行和逐步深入。

4. 反馈应该具有真实性

真实性是沟通过程中对于信息的基本要求，也是人际关系在沟通中形成一种良性循环的重要保证。所谓的真实性，就是指反馈必须是出自接受者的本意，同时也是接受者真实意图的表达，不能弄虚作假，欺骗对方。

如果你的反馈不真实，必然会带来两种不良的后果：

一是误导。

错误的信息一定会误导对方的判断。因为对方会根据你所反馈的内容，调控话语交际的方向，表达他的新的意图。如果你的反馈出现了误导，就会促使对方往错误的方向思考，这必然会带来沟通的失败。

二是造成沟通对象之间的互不信任。

在实际的沟通过程中，任何不真实的信息反馈，其实都会在自己的眼神、表情或者肢体动作等方面有所表露，让对方有所觉察。或者也会在谈话系列的表述中造成前后的矛盾。这样一来，就或多或少地为对方所发现，从而给人一种缺乏诚意和人品不端的印象。

这种后果是非常严重的，因为它的不良影响并不仅限于本次的沟通，而且会影响到你在人脉场上的个人品牌和其他人对你的信任。

5. 反馈应该具有适切性

适切性是指我们对于反馈时机的把握。时机是什么呢？时机是指我们不是想到了什么，就要马上说什么，而是要找一个恰当的适合于当前氛围的机会。

①反馈时间的适切

是指我们应当选择话语信息并判断出发送者接受反馈的最佳心态时机，也就是对于反馈时间的判断。

比如，当一个人以十分兴奋和激动的心情在述说他自己在市场竞争中的成功和胜利时，即使你以称赞的语气不停地去打断他的讲话，也只会带来扫兴和不悦，因为任何人在兴奋和激动的高潮时刻，往往偏重于自我表现。他这时不希望听到你在说什么，而是只想自己一直说下去，直到他说够了，才会想听听你的夸奖和恭维。

②反馈内容的适切

是指我们在表述内容上要注意把握话语信息和相关内容的选择，要判断发送者心理接受的可容度。如果超过了对方心理接受的可容度，反馈也就达不到实现良性循环的目的。

在这里，有两点是我们要注意的：一是反馈的分寸感，二是反馈的分层表述。

内容要有分寸，表述要有逻辑性，以免反馈内容的不适切，使得我们的沟通和交际达不到良性循环的目的。

③反馈方式的适切

是指反馈者表述方式的选择应注意对象的个性特点。是直接陈述，还是间接提醒，或是暗示即可；是条分缕析的解说，还是扼要指点的评议，等等。如果反馈表述方式选择不当，也可能使话语交际的良性循环受阻。

6. 反馈应该具备准确性

交际的现场感十分强烈，因为人们总是通过口头的表达进行沟通，这样就构成了一种你说我听、循环往复的局面，这对于反馈的准确性有极高的要求。

每一个人都在以上一个循环中的反馈信息作为自己在下一循环中信息发送的依据和基础，如果反馈的信息不能实现表意的准确，而是含混不清或暧昧不明，那么就会使新的一轮循环受阻或者脱离了正常的轨道，造成沟通的双方产生误解，误判对方的信息、目的或意图，也让自己的表达变得模糊和不确定。

要实现反馈的准确和到位，我们需要注意四点：

①达意的准确；

②表情的准确；

③态势语辅助的准确；

④上述三项组合后的综合表意的准确。

在沟通的过程中，人与人之间的信息反馈从来就是一种沟通的综合效应的体现，是接受者分别通过听觉信息接收和视觉信息接收后，再传递到中枢神经，进行分析、综合所产生的效应。

我们每个人在进行交谈和沟通时，千万不能忽视反馈的重要性和准确性。我们需要通过多条渠道来收集和判断信息，然后作出最为合情合理的反馈。

◎“夸张”的赞美

心灵主宰着人的精神。

对一个人来说，他所有的喜好和欲望，思念和忧虑，智慧与谋略，志向和意愿，都是通过自己的嘴巴表达出来的。

在人际关系的处理中，我的这句话是什么意思呢？就是说人们对于赞美的需求和心灵对于颂扬有着天然的渴望。

当然，一个可以受到别人欣赏的人，能够在交际场切实体现自己价值的人，不能只是说好话、表达赞美，关键是要帮助他人解决一些实实在在的问题。

★赞美的价值

赞美是一种恰到好处的方式，使你在人脉的积累中，在能力的展示过程中，不至于走太长的弯路。

艾伦是一个很懂得运用赞美方式与人交往的人，他从新加坡跟随我到美国，十多年来一直是我的得力助手。

有一回，在我们公司的内部会议上，有一位同事提了一个报告，他的报告平淡无奇，现场也没得到任何掌声。在他发言时，旁边的人还打起了哈欠，以示对这份报告的厌倦。当他讲完坐下时，大家都能看到他的无奈和郁闷的表情。

散会后，艾伦和这位同事在洗手间相遇了。

艾伦对那位同事认真地说：“你刚才的报告很好，讲得简明扼要，我很欣赏你！”

这位同事当时的状态极差，虽然他很有想法，但他的文笔很不好，因此本来就不指望自己的报告得到谁的注意。但是艾伦的几句话，让他心情愉快了一整天，对艾伦充满感激，并在我面前不止一次地讲到艾伦的优点——他成了艾伦的盟友，慢慢地也成为一个对公司忠诚度很高的员工。

每一个与艾伦相识的人，都会很快与他建立友谊。艾伦也经常对别的同事表示他的欣赏，碰到男孩子穿了新衣服，他会不经意地说：“哦，你今天可真帅！”碰到女孩子换了新发型，他也会故意睁大眼睛说：“原来是你，我以为是Lady GaGa（出生于纽约的美国著名流行女歌手）来了呢！”

可以想象的是，艾伦与公司里的每一个人都相处得很好，而这良好的人际关系也给他带来了很多便利，也对公司的工作有很大的帮助。

对于赞美的作用，想必是人人都清楚的，我们根本不必多说。但是，当你真的有心于此、使自己拥有赞赏的本领时，你会发现一个存在已久的有趣的事实：所有人都喜欢听到别人赞美自己的话，但不是所有的人都爱去赞美别人。

——尽管我们想去这么做，可事实上真的将有效的赞美付诸行动的人少之又少。

许多人在想开口夸赞对方几句时，却又闭上了嘴巴。

还有的人，他们本来想说的是发自内心的赞扬和羡慕，思路稍有犹豫，说出来的却成了言不由衷的如同白开水一样的几句敷衍，招致对方的反感。

虽然他们很想说，但就是做不到，而且觉得别扭。

这是为什么呢?

人们不想去赞美别人的内在原因就在于：担心自己需要为这种赞美负上一些道德意义上的责任。

这个“理由”怎么解释呢？是因为在人的普遍心理中，主动去赞美别人，可以获得明显的好处——对此人们心知肚明，这是一种投机行为，可能被当做“小人行为”。只有小人才可能会一心去讨好别人。人们在自己的内心中对于赞美别人的第一个反应，可能不是“他需要我这样做”，而是“我这样做会不会让人觉得我低声下气呢”。

或者，有一些人追求的是君子之交，就像日本人，他们普遍觉得：“我们各自做好工作就好了，干吗非让我说你的好话呢？假如非让我对你说出夸张和违心的称颂，那么我会觉得屈辱，因为这并不是我本心的想法。”

不仅追求君子之交的人有这种思维，而且一些性格内向的人的想法也是如此。他们不是因为性格而拒绝张口，而是害怕去做更多的赞美他人的事。他们担心这种赞美会造成道德意义上的责任，从而让自己陷入一个不能回头的境地。

有一次，我带一名刚入职的销售员，去香港九龙地区的一位客户家拜访。他是我的老客户，我们的关系已有两年，相处和睦。在告别时，他的妻子带着4岁的女儿回来了，正好在门口相遇。我看到他的女儿穿了一条花色的小裙子，便蹲下身子，仔细地瞧了瞧，赞道："真漂亮，您和夫人真是很擅长为孩子搭配衣服。"

说完，他的妻子一脸喜色，显得很是受用。

那位销售员却一脸木然，表现得无动于衷，只用眼睛望着小女孩，没有任何表示。

从客户居住的小区出来以后，我问他："刚才你在想什么呢，为什么不说话？要知道，这是一个让客户加深对你的印象的好机会。"

他回答说："经理，我生怕自己一开口，客户会觉得我在拍马屁，人们不是最讨厌拍马屁的人吗？"

如果在你的心中也存有这样的误区，那么，我要告诉你的是，你太多虑了！

为了追求更好的人际关系，以及得到自己在工作上的配合，找到有力的支持，使用赞美早已经是必要的一种手段，同时也是一种常用的、合适的交往方式，大量地出现在我们日常的生活中。即便你不爱去赞美别人，别人也还是要赞美你。从这个角度说，你也应该拿出你的回馈，去赞美别人。既然你应该赞美别人，那么你就要学会如何赞美。

有一位著名的文学家，他以绝不说令女士难堪的话而著称。某一天，一位长相奇丑的女士认为自己可以令这位文学家认输，于是登门拜访了。

这位女士向文学家问道："先生，您看我长得美吗？"文学家如果回答"美"，是说谎；而回答"不美"，肯定会令这位女士难堪。但是这位文学家的回答非常绝妙，他说："每一位女士都是上帝从天上送到人间的天使，但很不幸的是，有些天使下凡时是脸朝下着地的，女士，这可不是您的错！"

这番话，既说明了该女士面貌丑陋，是一种"诚实表达"的体现，可是又没有令她感到难堪，还让她十分受用。这位作家回答得相当得体。

★赞美别人的诀窍：

1. 赞美要自然得体，讲究顺势而为

我们在赞美别人时不可刻意为之，极端化的表述和过于夸张的美誉，讲出来很容易，想收回来却再无机会。因为太刻意和太明显了，会显得你另有所图，可能对方不领情，反而让你弄巧成拙！

此外，你也不必用大嗓门赞美，语速应尽可能缓慢和郑重。否则，让许多人都听到的大声的夸赞反而会可能变成酸葡萄，有当众挖苦的味道了！最好是私下向对方表示你的看法，这种表示方法，也比较容易造成双方的情感的共鸣，形成一个愉快的讨论氛围。

2. 赞美时要看清对象，量体裁衣

像爱漂亮的女孩子，你就赞美她的打扮；对于有小孩的女士，你最好去赞美她的小孩而不是她自己，母亲最喜欢有人赞美她的小孩聪明可爱，如果你这样做了，就不会出现错误，这是一种万无一失的方法；对于工作型的女孩子，除了她的外表之外，你要格外关注她的工作绩效和工作态度，有理有据地夸赞她在工作方面的表现；至于男性，我们可以从综合方面下手，你可称赞他的智力和耐力，也可重点突出他的气质和内涵。

3. 赞美一定要出自真心或是依据事实，千万不可脱离赞美对象本来的面目

例如你对一个三十多岁的女性说：“你看起来像是刚毕业的大学生。”对方会很高兴，因为你在赞美她年轻而有朝气。但你如果说：“你看上去像一个中学生啊。”那么她一定会非常反感：“我的样子那么不成熟吗？我难道真的很单纯幼稚吗？”你的“赞美”反而使她失去了自信，你也因此惹人讨厌了。

这就是“夸张”的尺度问题：可以适当抬高，但不能偏离事实太远，超出人们的心理承受度。

4. 在赞美时，你的用语不要过于肉麻

当我们赞美别人时，只要能恰当地表达我们的意思就可以了，用词和态度不宜太过于夸张。肉麻之语应绝对禁止，态度也应保持一种“中立的评判”，这才能让对方觉得你的表述很客观。如果太夸张了，有时你会发现你的称颂成了一种挖苦和讽刺，让人无法接受。

一般来说，我们的赞美需要坚持一个基本的原则：让对方既感到高兴和满足，同时又不能产生负面的情绪，或者怀疑你的真心和用意。

◎远离谄媚的恶习

那些在和别人的交谈中既不低声下气也不傲慢自大的人，才能赢得人们的尊重，才能让对方仔细地倾听他们的言论。

不卑不亢是一种非常重要的做人态度。这意味着，当一个人遇到比自己身份地位高的人时，他不会过分地俯首帖耳，卑躬屈膝；当他遇到比自己地位低的人时，也不会自恃高傲，盛气凌人。

★拒绝极端的沟通态度

以上两条，需时刻谨记。我们每个人都追求人脉的最好效果，但是每个人却也有更高的需求，那就是保持独立的自我人格，展示出类拔萃的心灵价值。

大凡让人敬仰的成功人士，都在人格方面树立了不可超越的形象，而不仅仅取决于他们在事业方面取得了多大的成绩。

这就要求你，无论何时何地，面对什么人，都要使自己居于六维的中位，以“我”为中心。什么是六维呢？六维就是人脉交际的一种心灵空间，前后左右上下。我们要让自己始终居于中间的地位，这有点儿类似于中国文化主张的中庸之道。

我们在遇事时、交流时，都要客观理性地分析现状，不掺杂任何个人的感情倾向，不采取任何趋向于极端的态度。

人与人之间的交往，本质上都应该求同存异，所以沟通绝对不可以走极端。

我们如果一味地讲求个人的出类拔萃和光芒四射，显然是不明智的，到头来反而可能成为一个具有悲情色彩的英雄。这是一种狭隘的个人英雄主义，每个想要在人脉场上有所成就的人，对此都应该谨记。

特别是一些在国外待了几年的人，我对他们在这方面的忠告更为明确。他们中的许多人，因为在国外深造过，所以自我感觉良好，成功的欲望极为强烈，但内心被强烈的成功欲望所笼罩，在沟通方面走了极端，形成了一个极大的弱点。

要知道，一个人在工作中固然能够凭借个人能力获得漂亮的业绩，却无法长期所向披靡，成为职业场上的常胜将军。唯有依靠团队的力量，借用他人之长去弥补自己之短，才能将事业推向辉煌，成就个人价值的最大化。

所以，在竞争中合作，在合作中实现双赢，在双赢中沟通，这才是让一个人事业、人脉双丰收的一个必杀技。如果放弃了良好的沟通和团队合作的精神，这个人即便能力再强，距离失败也不远了。

王旋是一位年轻帅气的“海归”，他从美国马萨诸塞州理工学院学成归国，被上海的一家专门从事新能源开发的公司高薪聘用。公司对他寄予了厚望，也十分信任，委任他为一个太阳能应用项目研究团队的项目总监，并将公司经验丰富、具有学识优势的研究员配备给他。

这个项目研究一旦取得突破，将奠定公司在同行业中的领先地位，因此公司对他寄予厚望。而且，凭着王旋的学识以及过去取得的成绩来看，半年之内取得研究突破应该不成问题。

然而半年过去了，王旋所负责的项目不仅一无所获，而且项目组竟然遇到了濒临瓦解的危机，公司内几位经验极其丰富的研究员相继跳槽。

董事长大为震惊，调查了解一番后才知道，原来王旋自恃“海归”身份，自以为掌握着行业研究的前沿信息，对公司配备给他的这些“土鳖”根本看不上眼。

他宁愿一个人躲在实验室里夜以继日地作研究、撰写研究报告，也不愿调动起其他人的力量共同参与进来，只是让他们做些与研究核心无关或边缘的辅助性工作。

用他自己的话说，自己刚到公司，被公司赋予了极大的信任，必须用打眼的成绩来亮相，如果大家都参与进来了，取得的成绩就理所当然地成为团队的了，自己在其中的作用也被稀释了，这样反而让那些“土鳖”不劳而获了。

正是这种思维方式，让他将那些有着丰富实践经验的工程技术人员“雪藏”起来。大家深感自我价值在这里难以获得实现，跟着这样逞个人英雄的领导没有什么前途，便纷纷在猎头公司的游说下跳槽走人。

而王旋所学的专业固然比较具有优势，但毕竟在应用领域知之甚少，技术突破也只能停留在工作计划阶段，最后无果而终，只得引咎辞职。

仅靠一个人的能力单打独斗是创造不出什么辉煌的，即使拥有巴菲特那样的才华，离开了团队又能怎么样呢？王旋就是犯了这个巨大的错误，他太把自己当回事，太急于创造能够证明自己的成绩，太不懂得合作的道理，从不与同事沟通，向来独来独往，对同事缺乏信任，于是造成了自己的失败。

如果你凡事都想自己来，完全不依靠别人的帮助，那么你不论做什么，都是走不远的。凡事坚持独立完成虽然会让你有成就感，但相对来说风险也大。

要想让自己做一个成功者，就得想办法获得他人的帮助，这种帮助不仅仅来自你的上司和同事，还可能来自其他对你的事业有帮助的人。这就需要你拥有正确的沟通态度，多与同事协作、交流，获得大家的支持。

当然，沟通不能走极端，太远和太近都是错误的策略。具体来说，我们需要坚持以下两种原则：

1. 始终保持合适的距离，得到对方的尊重

不论在何种场合，我们都要奉行一种不卑不亢的交流态度。既不过分张扬，也不过度地压低自己。

这样，我们就总能给对方耳目一新的感觉，我们说话恰到好处，多一分则有阿谀奉承之嫌，少一分则会自降身价，让别人看不起。

2. 路遥才会知马力，日久才能见人心

谄媚和虚伪虽会得一时好处，但最终一定经不起时间的漫长考验。只要时间久了，你的小狐狸尾巴自然就会露出来——人们会看到你背后的其他目的，将你视为居心叵测的人。到最后，你的一切付出都将付诸流水，让你得不偿失。

每个人都不要看轻自己，就算一个在纽约街头流浪的乞丐，他也有着旁人所无的价值，不必过度弯腰去讨好别人。

生活的大浪把你推到这个人生的海滩上，你就要在这里站起来，而且要站得高。我曾在洛杉矶一家普通大学的讲台上对学生说：

“你们害怕哈佛大学的高才生吗？你们羡慕普林斯顿大学的骄子吗？你们都知道这些名校是精英的摇篮。所以你们出去就业时，看到前面排着哈佛的，后面又站着牛津的，于是你低下头，转身就走了。我告诉你，你不要离开，也不要用一副谄媚的眼神看着他们，你就要站在那里对他们不理不睬。这不是在让你妄自尊大，而是要告诉你，你的人生只是你自己的，不属于任何人，你不需要谄媚任何人。”

★你不需要谄媚任何人

前几年，台湾有一位叫做曾仕强的教授说过一句话：一味地奉承别人而不顾客观事实，这样做不仅不会带来理想中的效果，甚至还会适得其反。所以，我们即便要拍马屁，也不能过于露骨和直白。

我们可以创造出一些技巧性的赞美，就像前面已经讲到的。简单来说就是，如果每个人都知道我们在谄媚，那我们就不要去做这件事。要让你的赞美和亲近变得十分自然，并让其他人无法察觉。

当我去戴尔公司访问时，北美区总部的副总裁助理达·克雷芬女士对我讲起了她的故事。

克雷芬起初在加拿大的一家电脑配件研发公司工作，她仅仅23岁就成了公司最年轻的部门研发主管，这得益于她在大学时的努力和在电脑方面的天赋。她说："许多人认为我通过不正常的手段得到了这个位置，有人在网络上称我为马屁精，说我擅长拍马，对于任何职务高于我的人，我都会露出一副谄媚的姿态，使用巴结的手段获得了高管层的怜悯。"实际上，她并没有这样做，结果仍然是她赢了。

我问她："你对这些声音是怎么回击的呢？"

克雷芬笑了笑说："没有任何回击，因为我很清楚，谄媚能够让一个人得到一些帮助。比如，当你过分夸赞了上司的衣服时，他会在当天上午对你留下很深的印象，或许恰巧不久就有一个部门会议，然后他会对你投桃报李，表扬你的工作，给你增加几百美元的奖金。但是仅此而已！没有人可以凭借谄媚获得一家公司非常重要的职位，在这个世界上不可能有人做到这一点，除非这家公司马上就要倒闭了。"

她不久之后即主动离职，因为她厌倦了这个消极的环境：该公司的多数员工都沉浸在不正当竞争的恶习中，既诽谤别人，也试图不择手段地讨好上司来获得升职。克雷芬随后进入了戴尔，在短短的两年间，就成了副总裁助理，她仍然主管研发方面的协调工作，能力出色，业绩广受赞扬，而且名声很好。

可以说，克雷芬是我见到的诸多凭借积极的工作和出众的能力得以成功的案例之一。她独立的人格让她广受赞扬，人缘极好，每个见过她的人都想和她成为朋友，这正是她的为人处世方法的成功之证。

很显然，夸赞与讨好是一个人处理人际关系的必备手段，我们无法否定这一点。你总需要一些技巧在别人的眼中留下正面的印象，得到对方的好感。但是，这并不包括没有原则的谄媚：

无论怎样，上司都是正确的。

你就是比我强，无论在任何方面。

你的决定英明无比，即便我强烈质疑。

上述三种是普遍存在的谄媚行为，有些人经常抱此类心态应对上司或者重要客户。当有人求他人办事时，也会无原则地予以此类恭维。但是，能够收到的长期效果并不乐观，低下身子表现出过度的谦恭，大多数时候只会让对方发自内心地鄙视你——就算他答应了你的请求，满足了你的需要。

你不需要谄媚任何人，因为你自己就是最优秀的，只要你相信！

你不需要以自己的尊严和人格去换取人脉，因为这是你立足于世的最后的本钱！当你把它们交出去的时候，也就是你一无所有之时！

你也不需要对他人的回报抱持恐慌的心态：“假如我态度不好，他就会……”实际上，当你真的这么做时，那才是灾难的开始。当你能够不卑不亢地处理你们之间的关系时，对方才会给你最大的尊重，并且正视你的价值。

◎清醒的自我定位

有一次我回国时，在酒桌上听到了一个特别经典的故事：

乞丐说："本地最富有的那个家伙，他跟我说话了！"

众人问："他跟你说什么了？"

乞丐说："他让我滚出去。"

★"乞丐"和"富人"的定位

乞丐的问题是他高估了自己的价值，而且对能够与富人平起平坐充满了幻想。站在街头每日乞讨为生的人，他当然不可能成为富人的座上贵宾。就像我们一直在讲六维度的沟通，人与人之间的六度连接，你会真的相信——当你通过不到六个人联系到奥巴马的时候，他会热情地坐下来与你相谈甚欢吗？

从理论上来说，可以实现，但在现实的角度，这无疑是一种奢求。

对于自己，人首先要作一个判断。这个判断包括三个方面：

①我是谁，我想做什么？

②我在哪儿，我能做什么？

③我的优点是什么，我应该怎么做？

在面对令人眼花缭乱的人脉场和各种机遇时，头脑一热就跑出去，自以为是地冲锋在前，像乞丐那样感觉良好，这种人我们已经见到不少。他或许就在你的身边，甚至有可能就是你自己。对于自我的优劣尚缺乏定位，就已经制订了目标（或者说自以为实现了目标），他在人脉场上怎么可能成为一名受欢迎的人呢？

在加利福尼亚州州立大学，面对100名美国学生，我作了一个试验。我在黑板的左右两端分别写下了“乞丐”和“富人”两个词语，然后让学生回答怎样用最简练的一句话来给两者定位。

当我统计答案时，我发现，有76人使用了“财富”的概念对二者进行区别，只有12个人在“头脑”方面对两者进行了定位。哪一种答案是对的呢？我的总结是头脑。

清醒理智和富有进取心的头脑，会决定一个人会沦为乞丐还是成为富人。相反，愚蠢和糊涂的头脑，可能让一个身家亿万的富翁一夜之间就穷困潦倒，沦为乞丐。

在对加利福尼亚州州立大学的几名学生长达五年的追踪调查中，我们的公关培训中心每一周都会更新他们的信息。其中，人生轨迹发生明显变化乃至于极端对立的两个人，一个是亚当，一个是蒙特霍斯特。

亚当：男，出生于华盛顿特区的贫困家庭。当他考入加利福尼亚州州立大学时，不但身无分文，还备受那些来自富人家庭的同学的歧视。可以说，亚当进入我们的视野并被记录观察时，他的人脉起始点是零，是一张白纸。

蒙特霍斯特：男，父亲是加利福尼亚州最大的农具生产商，并且经营一家面积超过1000亩的农场。他在进入州立大学之前，已经是小有名气的“社交明星”，建有网站，还有一家自己成立的社交俱乐部。我们给他的人脉起始点的打分是100分。他的前途一片光明，甚至“不需要”我们再去观察追踪他。

两个人的起点对比很不公平，但是当五年后我们回头再看时，事情发生了让人惊异的变化。亚当毕业后的第二年就进入了巴菲特的公司，他所拥有的黄金人脉的数量是——“我需要好好静下心来为你清点，因为我实在记不清有多少人。”亚当这样告诉我。他每周都收到无数的邀请，请他赴宴和吃饭，他的朋友遍布金融、航天、文化、媒体及其他各种领域，他是当之无愧的社交明星，也是典型的美国社会的成功人士，开创了自己的人脉帝国。

蒙特霍斯特呢？我们在他的老家找到了他，他正和一群“花花公子”饮酒，在加州的一家酒吧。他的黄金人脉的最终分数——截止到我们终结调查时，我认为只有数字零比较符合他现在的状态。他没有工作，吃父亲的老本；也没有什么真正的朋友，如果你认为这些陪他喝酒的人属于朋友的行列，他也只能用五个手指头告诉我：“瞧，这就是我的朋友的数量！”在这五年的时间里，蒙特霍斯特首先早早毕业，没有读完大学。他还经历了三次女友堕胎事件，超过七次的法律纠纷，以及挥霍了不计其数的钱财。

“乞丐”用五年时间变成了富人，另一个富人用五年时间变成了“乞丐”。

为什么会发生这么令人震惊的转变？关键原因在于他们各自的定位和头脑，而非口袋里拥有的钞票。

亚当知道自己应该做什么，他也十分清楚自己目前的状态。他说：“我对自己的命运了如指掌，我将来的人生全部依靠我自己的力量，没有任何人可以帮我。因此，我既不自卑，当然也不会自大。我制订了详细的规划，怎样区分我现在的优势和劣势，如何去向别人推荐自己，交那些该交的朋友。对此我了然于胸，并努力去做。”

在心态和定位方面，蒙特霍斯特尽管起点是满分，但做得相当糟糕。他太不成熟了，想当然地认为他已经完成了人生的积累阶段。或许他一直在想：“啊，我有的是钱，虽然是我爸爸的，但财富可以保证我的人脉和机调，它可以带给我一切！”于是，自大情绪充斥着他的头脑，他变得不再清醒。

进入大学不久，也就是我们刚搜集完他的信息，蒙特霍斯特就解散了自己的社交俱乐部，他认为没有时间经营这种玩意儿，因为他恋爱了。他带着女友四处旅游，并每隔一段时间换一名性感女孩。朋友开始离开他，对他疏远了；他只有钱可以炫耀，所以围着他转的，都是心怀鬼胎的娱乐场所的老板和跟着他混吃混喝的同龄人。

在最后的报告上，我们写道：清醒的定位和理智的头脑决定一个人的将来，这一点与他的起跑线毫无关系，无论你现在是乞丐还是富人。而且，它们所起到的作用是决定性和唯一的，没有任何外部力量可以改变这个结论。

我们能够看到，许多人确实并不在同一条起路线上，你会问："难道这就是命运吗？为什么他有无数的朋友，而我却是孤家寡人？"

你看到自己就像一个乞丐，对手却是一个富人。于是，你悲观，或放弃，或虚幻自大。但是我告诉你，改变命运需要你自己的领悟和把握，需要你看清现实、准确定位，然后积极努力，与别的因素毫无关系。

当你发觉自己是一个"乞丐"时，你要承认差距，然后认识自己，发现不足，并制订你这一生的具体目标。如此一来，你就不会心态失衡。

当你认为自己是一个"富人"时，你要更加冷静地总结自己的所有优势，尤其要看清自己所处的人生阶段，然后重点改善那些需要提高和可以提高的方面，防止出现蒙特霍斯特的悲剧。

在变化莫测的世事面前，你必须保持一个清醒的头脑和准确的自我定位。如果有了这些事前分析，在自己的人脉和机会面前，你也许会更容易作出一个较为清醒的判断和正确的决策。

★怎样才能判断自己的价值

一个成熟的人，应该能够清醒地认识到自己的价值和地位，也能够按照社会的需要来要求和提高自己，最后达到自我认识和外界评价基本相符，从而获得事业和人脉的双重成功。

如果你任由自己长期沉溺在一个刻意营造的虚幻王国里，那么只会让你永远地迷失自我，以致根本无法发现最适合自己的那条正确的道路。

一个人只有结合对于自己价值的六维度考察，及对于自己所在的环境的统筹分析，才能准确地定位自己。

我在这里讲到的“定位自己”，并不仅是对自己的资金实力、风险偏好、行为习惯等进行正确分析，情景模拟自己应该采取的下一步动作，而是进行综合性的分析。

你要学会控制野心，解决“我想做什么”和“我能做什么”的关系，以及你想达到的人脉高度，和你现阶段应采取的策略之间的联系。

当然，我们都知道，每个人这一生的定位，都是相对的，因为时空不停地转换，形势不断地发生变化，一个人的价值创造和旁人对于他的估值水平也都在变化。

换言之，人的价值是动态发展的，正因为如此，你只有认清自己的定位要随时间的变化而变化，才不会盲目自大，才不会自我膨胀，才会谦虚谨慎，以及能够内省式地“认识自己”，去培养自己的核心竞争力。

什么是核心竞争力？所谓个人的核心竞争力，即不易被竞争对手效仿、具有竞争优势、独特的知识和技能。

核心竞争力是不容易被竞争对手模仿的，并且是你独有的本领。当你有这样的价值时，你就可以充满自信地去运用六度人脉理论了。你要知道，如果别人也有这种本领，且比你高强，你与他比起来没有任何优势，那么这种本领根本算不上你的核心竞争力，你的自大或虚荣也就显得十分可笑。

我曾经见过一个20多岁的年轻人，他从北京大学毕业后就投奔亲戚，到美国来找工作。面试那天，我和那位亲戚一块儿送他到楼下，然后我们去了附近一家咖啡馆，一边聊天，一边等他出来。

不一会儿，他趾高气扬地出来了，对我们说：“一切顺利，我的面试肯定通过了，我认为我随时可以上班了。”那个样子，好像他的水平特别高，这家公司不雇用他，一定是全体员工的失职，他注定要进去带领公司走向新的高度。

我问他：“面试官怎么说的？”

他想了半天，说："没说什么，问了我几个简单的问题，我回答得很好。"

"就这样完了？"

"是的，还想怎样？我认为没什么可以难住我。"

原来是面试失败了，只不过面试官出于美国式的礼貌，没有直接告诉他，而是让他回家等通知，结果他就以为是让他随时准备去上班。

我们身边都有不少自命不凡和自视甚高的人，他们觉得"我什么都能干"，对自己的定位实在太高了，在交朋友时也会抱有这种心态。他们觉得，没达到一定境界的人是不能成为自己的朋友的，因此对于机会从不把握，抬头望着天空，却从不注意脚下的青草。可是当他真的面临实战时，或者遇到困难时，才发现自己不过如此。

因此，一个人价值的高低，并不是来自自己的心理感受和评价，而是外界（工作场所和人脉场）对他的一种综合评价。

判断自己的价值，你要先学会审视。了解了自己，并且洞察了周围的环境，你才能找到最适合自己的生态，变换最能适应环境的形态。

重要的不是你想做什么，或者你需要朋友做什么，而是别人对你有什么要求。你要懂得满足别人的需求，然后你才能学会谦逊，将自己放到合适的位置上，发挥出优势。

在给自己制订目标的时候，要适当地打一下折，不要过高地估计自己。只要掌握了这种良好的心态，你就会发现自己不管做什么，都不会差到哪里去。

★具备了基本的自信，你才会有人脉

自信和一个人拥有多少财富、外在的形象包装没有关系，它不是金钱及物质能够决定的品质。

同样，自信也不是盲目的自大。如果一个人只有100元钱的财富，却愣是认为自己的钱比另一个拥有几万美元的人还要多，要跟他在超市“购物大比拼”，这只是一种盲目浮躁和自欺欺人的虚荣，绝不是什么自信。

自信是一种强大的内心。它让人既不自卑，也不会飘飘然。拥有了自信，你就懂得怎样对自己的劣势进行补救。同时，你也就学会了运用钱以外的东西，比如你会发现智慧和内涵的重要，能让人第一眼便感受到你的气场，被你的人格魅力所打动。

也就是说，你首先要成为一个理性的自己，然后别人才会靠近你。否则，每个人都会主动地迫不及待地远离你，将你视为“不可接近的洪水猛兽”，不管你的兜里揣着多少钱。

任何时候都保持自信，这是让我们的心态可以居于六维中位的一个前提。

这种心态首先体现在我们自身的形象上，它包括良好的修养、渊博的知识、宽容大度的心胸、优雅的谈吐举止等，这些因素构成了自信的基础，同时也是培养我们平和心态的重要前提。

底气是至关重要的，但是这还有赖于自己的实力，你要认真地学习工作技能，对工作要一丝不苟，只有实力过硬，才能将以“我”为中心的人脉原则实行得非常完美和到位。

看到自己的不足，不要一味地自责，而是要想办法弥补，努力使自己做到完美。这样即使面对一个特别挑剔的人或者特别强势的客户，你也能表现得体，达到目的。

任何一个成功者，他们不仅是有能力的人，更是拥有足够自信的人。只有自信的人才能实现他的理想，赢得他人的尊重，不自信的人则会一事无成。

自信是迈向人际成功的第一步，因为如果没有自信，别人对你就更不会有信心。所以，在构建丰富而高效的人脉资源网络方面，自信的作用是巨大的。

六度人脉的沉默效应

Part 7

虽然我们每个人的生活环境不同，文化层次也不同，因而所追求的目标和理想也不尽相同，但是在内心深处，每个人都一定会有自己不同的做人原则。这种做人处世的原则对于你的人际关系影响巨大，它甚至可以成为一种至关重要的衡量标准，来衡量你的人脉拓展的成败，并衡量你的价值。

◎“请你看到我的原则。”

在我们自己的原则问题上，切莫让步。如果你给了对方在原则上的可乘之机，其实就是给自己断了基本的退路。

★不讲原则，就等于断掉退路

有一家公司的女老板，她在几乎做成一笔大生意的时候，很不合时宜地谈论起她的另一位主顾的某些私人活动。她的新客户默然半晌，慢慢说：“对不起，我不想也成为你的话柄。”

结果，她立刻失去了这笔生意。

无论是谈判还是竞争，最无情的对手往往是最厉害的对手，在原则的问题上，你绝对不能给对方半点可乘之机，因此，在需要让对方看到原则时，一定要果断和迅速。同时，在具体的交谈方面，原则问题更加重要。比如，对于和谈判无关的人和物，你们都应该尽量避免议论，要学会保持适度的沉默。

特别是，我们千万不要以一种批评或者揭露的态度去讨论第三方的过失和是非。

切莫在背后指责另一位同行，哪怕你们是不共戴天的仇人，也要在公共场合给予基本的尊重。

不应在一位商业伙伴面前谈论另一位老板的所作所为，最初他可能听得津津有味，可是如果他聪明，他就会这样想：既然你能和我谈论别人的私事，那么在别人面前又会说我些什么呢？

当涉及你的客户的私人秘密、矛盾或者对方的团队问题时，你应尽量保持中立而不要介入。

言行的不慎，一定会破坏你们之间的信任感，并会引起一些严重的问题。同时，你也不要因为碍于情面而在谈判中让步，原则问题必须一步不让地坚守。

★人脉拓展要有原则和底线

虽然我们每个人的生活环境不同，文化层次也不同，因而所追求的目标和理想也不尽相同，但是在内心深处，每个人都一定会有自己不同的做人原则。这种做人处世的原则对于你的人际关系影响巨大，它甚至可以成为一种至关重要的衡量标准，来衡量你的人脉拓展的成败，并衡量你的价值。

这种做人原则的表现是多方面的，并不体现在某一个方面。简单来说，一个人在自己的学习、生活和工作等每一个领域都会也应该有自己的原则和底线。他应懂得哪些事应该努力去做好，而哪些事是绝对不能做的，即便想一下也不可原谅。

对于人脉场上的每一个人来说，如果他没有了做人的原则和底线，也就没有了衡量对与错的尺度。

如果他自己都不知道哪些事该做哪些事不该做，那么，他就很容易走入歧途。因为人是具有社会属性的，人的社会性要求我们在沟通的时候必须具备基本的原则和底线，遵守公共道德和人们都追求的一些普世价值。

人际关系更是一种社会关系的体现。我们的所作所为都要受到社会公认的法律和道德等准则的约束，当然绝对不可能游离于社会的规则之外，坚持自己的原则和底线就格外重要。

所有的成功人士和优秀人物，他们在做事的过程中，都有一个共同的特点，就是坚持了正确的基本原则，那些放之四海而皆准的真理，在他们的内心始终得到了信任和守护。在这些人做事和做人的过程中，你会发现，总有些事情是他们绝对不做的，也总有一些信仰，他们会一直坚持。

弗兰克·柯克在美国海军学院的杂志《前进》上讲述了一个自己亲身经历的故事：

我们参加学习编队的有两艘战舰，已经在阴沉的天气中航行了好几天。

我就在前头的那艘旗舰上值班。当时天已经黑了，我正站在舰桥上瞭望。浓重的雾气使得能见度极低，因此船长也留在舰桥上观察周围的一举一动。

天黑之后，过了一段时间，舰桥一侧的瞭望员突然报告："右舷位置有灯光。"

船长问："灯光稳定不动，还是在向后移动？"

瞭望员回答："稳定不动。"这意味着我们可能和对方的船相撞，后果不堪设想。

船长命令信号兵通知对方："我们两船将会相撞，建议你转向20°。"

对方发回一个信号："建议你转向20°。"

船长说："发信号，告诉他，我是上校，命令他转向20°。"

对方发信号回答："我是二等水手，你最好转向20°。"

这时船长已勃然大怒，大叫道："告诉他，我们是战舰，命令他转向20°！"

对方发回来信号："这里是灯塔。"

结果，最终改变航向的是我们。

这个故事看上去是如此简单而又滑稽，它告诉了我们什么？

船长本来坚持他的想法，但在他的思维模式转换之后，后面的决定就全然不同了。他原来作出错误的判断，是因为身处浓雾之中看不清指引方向的灯塔。可当他知道了真相之后，毅然作出了正确的决定。

坚持正确的方向，对于正确的原则绝不怀疑，毫不犹豫地予以信任，是所有的优秀人物成功的最关键所在，也是他得以受人敬仰的唯一原因。

原则和底线就如同海上的灯塔，是不容动摇的自然法则，是永闪光芒的人脉指南针，指引着我们前进的方向。假如你违背了这样一种基于原则的做人底线，你就会走向错误的方向，后果是非常危险的。

“我们绝对不能破坏规律，我们破坏规律的后果只能是让自己头破血流。”这是塞西尔·B.德米尔在他执导的最成功的电影《十诫》中所说的一句话。

股神巴菲特是一位堪称事业人脉双丰收的大师，他给予我们的忠告也是关于原则的。他说，做人要有原则，有了原则你才能具有优秀的品格。而且，优秀的品格是可以培养发展的。

巴菲特说：

想象一下，你是一个学生，你可以从你的同班同学中选择一个同学，你可以得到一个权利，能够获得他未来一生收入的十分之一。但是，同时你也需要付出相应的代价，你也必须选择另一位同学，你得把你未来一生收入的十分之一交给他。

有意思的是，当你在考虑选择什么人时，你内心中的选择标准，没有一件是你自己根本做不到的事情。你根本不会去想谁能跳过2.35米那么高，谁能背下来圆周率小数点后面300位数字，等等，诸如此类极少有人能够做到的事情。你会想到很多和个人品格相关的东西。事实上，这些品格中的每一种品格都是普通人能够具备的。绝大部分都是一种习惯。我过去的老板格雷厄姆先生，在他12岁的时候，写下了一个品格清单，包括他敬仰的那些人拥有的品格，也包括所有他厌恶的那些人所拥有的品格。写完清单之后，他一看，没有一种品格是那种跑完100米只要10秒或者能够跳过2.35米以上之类的东西，所有的品格都很简单，只不过取决于你是否打算成为具有这些品格的这类人。

有人曾经说过，在寻找准备雇用的职员时，你要寻找具有三种品格的人：正直、才智、活力。而且，如果他们不拥有第一个品格——正直，另外两个品格将把你毁灭掉。你要好好想想这句话，这句话绝对是千真万确的。如果你雇用了一些不具有第一种品格——正直的人，你实际上最好希望他们又笨又懒，这反而是件好事。

不过，现实是什么呢？当越来越多的人向我抱怨他们在人际关系方面的失败时，我发现的却是他们多是一群空谈原则的人。他们口头上很讲原则，做事的时候却不择手段，没有底线，唯利是图。

在我们身边有原则的人很少。在生活中，我们总会发现，说话大谈原则的人很多，做事很有原则的人却十分稀有，这也导致了他们没有朋友，于是就得不到有益的人脉资源，然后事业糟糕，朋友就更少，陷入了一种难以摆脱的恶性循环。

★八项人脉沉默原则

1. 在沉默时，我们不要被对方采取的心理威慑吓倒。沉默不是示弱，所以我们也不要把人际博弈中的心理战术的作用无限夸大。

2. 你不要认为自己只需足够地夸耀自己的价值或者产品，然后什么都不用做，你的公关就能够成功了。

3. 千万不要向对方炫耀自己的级别、职务或者其他的功绩，这在任何情况下都是大忌。

4. 从根本而言，一个人总要以诚待人，而且要讲信用。如果你能凭此赢得同事的信赖，在同事中建立威信，那么一切就都好办了。你不需要多说话，就能获得足够深厚的人脉资源，有越来越多的“关系”为你所用。

5. 多欣赏同事的优点，少去盯着他们的缺点。这是一项积极性的原则，这可以让你在内敛的同时得到同事的尊重。欣赏别人的优点最容易博得别人的好感。当你诚心赞誉别人时，对方就会以你为知己。

6. 尊重同事的私生活，和每一个人保持适当的距离。无论任何时候，你都要养成尊重别人的私生活的好习惯。比如中国人喜欢嘘寒问暖和热情地关怀别人，因此，这往往容易流于谈论别人的私事。我们要尽量避免这种情形发生，聪明地控制自己的“热情”，在敏感的时机和话题上闭紧自己的嘴巴。你要知道，许多事情是局外人无法了解到的，所以即便你清楚一些内情，也没有什么资格去说长道短。

7. 严格坚持公私分明的原则。与同事相处，特别要注意这一点，将公事与私事分开，不能因为是亲朋好友而在公事上夹杂任何感情。当你变得公私不分时你会发现，原来挺简单的一件事，现在也一团乱麻、极其复杂了。

8. 在任何时候都不要嫉妒你的同事。同事的工作有了成绩，对你来说是一件好事，是你能够充分利用和抓住的资源。你千万不要嫉妒，要真心地欣赏别人，向别人看齐，并和他站在同一个阵营，这不仅是“资源的整合”，同时也是一种具有积极意义的竞争。

◎用"沉默"建立你的品牌

★"沉默"的沟通术

在我们与别人进行沟通时——不管是朋友、亲人、客户、上司还是下属，适当地使用"沉默"这个杀手锏，不仅能帮助我们解决棘手的问题，而且还可以让你的沟通能力锦上添花。

该沉默时，你一定要沉默。因为沉默是一种心灵的沟通，必要时可以用来展示自己的内涵和与众不同的一面。"沉默是金，开口是银。"这句话的道理就在这里，它道出了人际交往中的一条重要规律。

如果你是一名管理者，在与下属交流时你当然常常得多开口，发布命令的时候多，闭嘴不言的时候少之又少。不过你有没有想过，你的过于"健谈"已经引起了下属的不满和默默的抗争呢？

你千万不要以为一位面面俱到的管理者，就是一位无微不至的好的管理者了，或许你的唠唠叨叨和啰啰唆唆已经使你周围的人把握不住你说话的要点，并对你产生了厌烦。

有位公司的老总就曾经不无困惑地对我说，他的年轻下属常觉得他婆婆妈妈，不够爽快利落；老员工又认为他不尊重他们，否定了他们的办事能力。久而久之，他便成了公司员工厌烦的对象和不愿接近的人。

我告诉他，这时候你应该适当后退一步，不要再多说一句话，沉默才是你处理与下属关系的智慧宝石，巧妙地运用它，你才会从中得到意想不到的收获。

○你必须言简意赅地传达你对下属们的要求和期望

除非很有必要，你把注意的事项交代清楚就可以了，然后你就可以保持你的沉默，留一个足够自由的空间，让你的下属们好好考虑具体的步骤。当他们的想法不够准确圆满时，你才可以适当地给予补充，给一次适时的指导，但是千万不要剥夺了你的下属就此进行发言与思考的机会。

○在你批评员工时，采取适当的沉默可以起到更好的作用，不一定要狂风暴雨地批评

通常来讲，当你批评你的下属时，他的情绪波动是很大的。没有人愿意受到批评，因为这意味着他在上司的眼中形象不好，将来再受重用的可能性很低。犯了错误，他已经够内疚了，如果你还喋喋不休地训斥他，他会怎么想呢？

“你呀你，你看你怎么搞的，我不是早就告诉你了吗，你还犯这样的错误？”当你这样怒斥他时，我相信他的内心并没有真正关注你讲的重点，而是对你的态度有所抱怨。

每个人都有自尊心，人们在成年后，更是觉得面子是很重要的。也许你只是想苦口婆心地劝导他一番，并无他意，你对他是恨铁不成钢。但是，你的态度在无形中伤害了他的自尊心，让他觉得颜面无存。

当他产生这样的心理后，你的批评不但没有效果，还会让他继续放纵自己，干脆破罐子破摔，对抗到底。那么，你的批评就得不偿失了。

如果你能在适度的批评之后保持沉默，给他留下自己处理问题的空间，我相信，这更是一种对当事人的威慑，起到的效果会更好。一方面，下属会因为你的“点到而止”感谢你为他保留了颜面；另一方面，这也显示出了你宽广的胸怀。

你在批评时的沉默，并非是对于他的错误的迁就，而是留给对方一个自省的余地。

○当员工之间发生争执时，适当的沉默也是你应该采取的最好的态度

员工之间有所争执时，管理者不要急着站队。因为争执的双方为了寻求一个说法，也许会将你——他们心目中的权威者拉入其中，让你作一个公断，借助你的力量打倒他的对手。

如果你没有经过深思熟虑，看清他们争论的本质和对错，你绝不可以表明自己的立场。有时，就算你已经知道了谁对谁错，但在双方还在激烈争吵谁也不想让步时，你也不要插言，因为这时你的公断根本不会

达到预期的效果。你的介入，只会使一方的自尊心受挫，认为你是有意偏袒。

所以，适当的沉默就成了你最好的选择。等到双方的头脑冷静后，你再公正地作出评价，采取温和的引导方法，平息他们之间的争执。

○沉默也会让办公室的小道消息失去它的生存空间

人脉场，顾名思义，就是“人场”。有人的地方，就有是非。所以，搬弄是非的人似乎在哪里都能找到生存的环境，不管是朋友之间，还是在职场中，即便在生意场，也有一些谣言和小道消息的传播。

关键是处理的方法。当你的公司或部门中也存在着一些喜欢打“小报告”的人时，对待他们最好的办法就是保持你的沉默。不要介入这些是非的论断，你就装作没听见或者没看见，就当它们不存在。

沉默并不是对于搬弄是非者的纵容，而是在一定程度上制止了是非的蔓延，争取了作出最好处理的空间和时间。

试想一下，如果你对那些临时的小道消息表现出了你的浓厚兴趣，他们一定会更加肆无忌惮，必定会闹得满城风雨。这些谣言一经转发，就会逐渐变质，被人添油加醋，越来越背离事情的真相。到时，你良好的人际关系会被搅得一塌糊涂。

相反，如果你在关键的时刻选择了沉默，他们没有了目标，也没有了引火索，从中得不到成就感，他们就只能索然无味地放弃这种行为，小道消息也就失去了它在人们之间进行广泛传播的驱动力。

★ “沉默”的营销

美国纽约国际银行在开张之时，就运用了沉默的营销方式，迅速地提高了自己的知名度。

有一天晚上，全纽约市的广播正在播放节目，突然，所有的广播同时向听众发出了这样一则通告：亲爱的听众朋友，下面是本市国际银行向您播报的沉默时间，请您注意收听。于是接下来的十秒钟，果然整个纽约市的电台都在同一时间中断了，没有播放任何内容。第二天，全纽约的市民都对昨天那个突如其来的沉默时间议论纷纷，这个沉默的时间段，就成了全纽约市民茶余饭后的热门话题。制造这一事件的纽约国际银行也顿时声名大噪，很快便家喻户晓了。

纽约国际银行采用了非同寻常的广告手法——十秒钟的沉默反而引起市民的好奇心，让市民不知不觉地去探究根底，这种无声胜有声的沉默广告，使纽约国际银行的名声由不为人知到人人皆知，达到了出奇制胜的效果。

短暂沉默，比冗长的产品介绍更能吸引人的注意力。比如当你在和客户谈判时，如果他们出现了暂时沉默，这时候，你万万不能“自告奋勇”地再去说些什么。你需要给他们充足的时间思考和作决定，不要打断他们的思路，否则你会后悔得吐血。

日本著名的保险推销员原一平去访问一名出租车司机，这名司机认为原一平绝对没有机会向他推销保险，而且态度很坚决。原一平之所以能够成功地见到这名司机，原因是他家有一台能够播放彩色有声电影的放映机，而这位司机从来没见过。

原一平放了一部介绍人寿保险的短片，在结尾处还提了这样一个问题：“它将为你和你的家人带来什么呢？”放完影片，原一平没有说一句话，而是静静地坐着。

三分钟后，那位司机主动问原一平：“我现在还能参加这种保险吗？”

为什么会有这么神奇的效果？因为短暂的沉默会营造一种放松的氛围，让对方感到前所未有的轻松——如果他之前承受了太大的压力，他会在这种氛围中品尝到快乐。

沉默有一种其他情绪没有的作用，它可以让人们思考并且付诸行动，也可以使人们的大脑冷静下来。从心灵的角度讲，这是一种对生活有咨询和指导意义的能量来源。

在培训课上，我问台下的学员：“当沉默出现时，会发生什么呢？”

有的学员说：“我感到自己的内心一片空白，我需要新的力量的注入。”

“有时我感到尴尬，希望快点出现新的话题。”还有的学员这样说。

但是，真正发生的或许被人们忽视掉了。

我说：“这时，我们更加关心我们内心的感受，重新获得大脑所需要的能量。我们的自我意识暂时被关掉，至少程度减少了一些，我们开始看到现实世界原本的样子。我们的思想有时会阻碍我们看清现实，这使我们忽视了我们所置身的这个美丽的世界。”

当必要的沉默出现时，它可以使我们有时间自省，也可以唤醒真实的自己。既不是自我意识，也不是所谓清醒的头脑，而是那个和我们周围的一切所联系在一起的那个真实的自己。

当你能够看清真实的自己时，在与人沟通和人际关系的处理中，你将会变得更加自信和敢于果断地作出选择。

★五个巧妙运用沉默的方法

1. 在吵架时，给予自己沉默的勇气

你要学会在一个最佳的时间来使用沉默，比如当你与妻子、同事、

上司或客户发生争吵时，你要学会在关键的时刻结束争吵——以你的沉默来结束。

你可以看着他的眼睛，当他对你叫喊时，你什么都不要说，任何情绪都不要表达，只需要沉默一点点，就可以将他们的怒气浇灭。虽然这很难做到，但确实很有效，所以我们要经常尝试这样做。

2. 在有人传播流言飞语时，你是否可以站远一点

总有人会在你的面前“八卦”他人的私事，这时你可以利用沉默来应对。

流言飞语具备强烈的蔓延的特性，当有人在谈论我们不喜欢的人时，有时我们自己也会忍不住发表自己的观点。我以前也这样做过很多次，但是我后来知道，自己必须停止这样的行为。

也许我们无法制止别人，但可以让自己不要像他人一样传播流言飞语。当流言飞语出现时，我们要利用沉默来应对。如果你自己也是传播流言飞语的人，那么当你开始停止这样做时，周围的人会发现你不是“平常的那个你”了。你不需要对他们解释什么，你只需要对他们说一下自己的借口——“我有事要做，先走了。”

只要很短的时间，你就能改善自己的形象。

3. 当有人在说话时，你能否果断地沉默

当有人对你说话时，如果他需要你的倾听，那么你要做到果断沉默。对他来说，这是一件感觉很好的事情，而沉默对你来说，会是一个

很好的了解对方和取悦对方的工具。

让他人说话，你来倾听，并且使用你的面部表情和动作来告诉他们你在听。这也许不是件容易的事，但是对你们——一个倾诉者和一个倾听者来说，都是一件好事。你能从中获得良多，且你会发现，当你成为一名优秀的“倾听者”，会有更多的人想来找你倾诉，你将声名在外，人脉也将越来越好。

也就是说，你要学着不要让你自己成为谈话的主角。虽然在谈话中，我们需要有谈论自己的时间，但你时刻要注意的是，要让谈话的每一秒钟都成为对方可以参与进来的美好时间。

4. 不要忽视“房子里没有人的时候”，这是一个好机会

许多人不习惯家中无人，他们觉得这是一种困扰。所以他们总是需要声音来填充沉默，比如打电话、看电视，或者上网寻求“充实”。但是，当你独自一人在家时，完全的安静并不能证明你很孤独，只能说明你在思考问题。这恰好是一次给自己的大脑放松的机会。

安静可以帮助我们更好地思考当天发生的事情或计划第二天将要做的事情。这些充分的时间，可以帮助你用来思考一下你想要的人生和你实现梦想的计划。还有什么比这样的机会更加重要和宝贵吗？没有。当你的房子里只有你自己的时候，你应该感到欣喜，而不是失望和沮丧。

5. 宁静和专注地思考

多年来，我一直倡导人们给自己创造一个宁静的空间。我们追求六

度人脉的实现，前提却一定是自我的实现。我们需要和世界进行真正的沟通，以完善自我。

我们可以拿出早上和晚上的各15分钟，专注于我们的呼吸，这对于大脑和身体都是有好处的。我坚信，宁静和专注地思考，可以帮助我们达到一种更高层次的平静，体现出我们心灵方面的价值。

同时我们也应该清楚，沉默的状态是进入我们另一部分大脑的方法，这种方法在平时的日常生活中是很难拥有的。

◎六度人脉的“拖延法则”

★规避“第一堵墙”

有些聪明人物喜欢故意拖延时间，以打乱对方的计划和方案，等待良机，从而为自己赢得宝贵的人脉。

一个只会用蛮力的人显然是非常幼稚的。当你遇到比较棘手的难题时，如果你只是硬着头皮强行处理，那么吃亏的一定就是你。

重要的不是业绩，而是何时出业绩。

有一位刚毕业的大学生来公司面试，前面的所有问题他都回答得很令我满意，就剩一个薪水的问题了。当我询问他的要求的时候，他给出的答案很出乎我的意料，提的薪水要求很高，于是我就直接告诉了他：对不起，这个要求我们不能接受。

接下来的时间，就是考验应聘者的时候，看有没有人能够打破这个僵局。我原本以为面试就要无疾而终了，谁知，那个大学生却避开了薪水，没有再执著地跟我谈判，而是转向询问公司的一些培训机制，让面试继续进行下去。可想而知，这位大学生最终被我们公司录取了，公司也给了他不错的薪资待遇。

他很聪明，眼看着自己的工作就要失去，但又不想自贬身价，于是他巧妙地采取了一种延后和转移的策略，避开薪水而谈论其他的话题，在以后的交谈过程中，选择合适的时机，再把薪水的问题拉出来谈。这样既能缓和谈话的局势，又能让面试官更好地认识他，对他的印象分提升了不少，肯定了他表现出的这种能力。

但如果你事事都拖，长此以往，就会给别人留下一个恶劣的印象：这个人不可靠，做事慵懒，如果把事情交给他，他肯定不能及时地给出答案。他不能信任，不能做朋友，不能结交，我如果找他肯定是办不成什么事的。

结果就是，这个人没什么价值。

★适当拖延，让局面自己改变

时间的价值特别重要。但是最关键的不是如何利用时间，而是怎样使时间发挥出它全面的价值。并非只有向前才能提升时间的效率，有时，适当地向后退一步，反而能收到更好的效果。

这就是拖延的必要性，它更多应用于下属对上司之间。比如我们每个人都会遭遇一位难伺候的老板，他们总是不能作出理性决定，喜欢拍脑袋决定事情，朝三暮四，今天作出的决定明天就可能改变了，让下属摸不着头脑。

拍脑袋型的上司，经常凭着一时的兴起就会作出一些决策。他们没有经过认真的调研、考虑和讨论，就会下达一个工作任务。下属面对这种上司，应该采取什么样的应对方法？

如果你坚决照做，就会忙得像没头苍蝇一样，却成效甚微。因为上司的指令本身就缺乏计划性和目的性，在很大程度上会导致实际的操作难度大，最终的成效差，浪费人力、物力和时间不说，你还有可能落一个吃力不讨好，一番劳累下来，却被上司批评你的能力差。或者第二天，上司干脆忘了他说过什么了。

“汤姆，你看看某公司吧，他们成立的时间很短，但是这几年势头很猛。我觉得对方在产品的文化营销方面做得很出色，你研究一下，我们也想在这方面有所发展。”

某一天的下午，老板冷不丁地就把公关部的汤姆叫进办公室里，没头没脑地给了他这么一个任务。

汤姆无可奈何地应承下来。回到办公室，左思右想，越想越郁闷，因为他的老板的风格一向都是心血来潮的，隔三差五地就会这么一拍脑袋交代一个任务，而交代过后他自己也再无下文，但没准过上一个月，又会问上一句，如果那时候没有进展他还会大发雷霆。

这个周末，华盛顿有一个重要的行业聚会，老板的这个主意，没准就是聚会上听来的，可是别人说的有多少是实情，有多少是吹嘘，老板是不会深究的，只知道回来让手下当苦力。再说文化营销这件事情的本身，当然也不是不可以去做，只是公关部的同事且不说没有这方面的专业人才，单说人手，除了汤姆以外，只剩两个人，也根本无法承担这样的任务。

为此，汤姆陷入了深深的苦恼。

汤姆应该怎么做？许多有野心的人会主张他积极应对，借这个机会将部门的相关业务建立起来，向上司要资金，要权力。我的建议却是，他可以视情况，进行适度的消极应对。因为他并没有一个可以配合他完成相关业务扩张的上司，他面对的是一个典型的拍脑袋型的老板，这位老板的主意经常是来得快去得也快。

所以，他只有消极拖延这一个选择。在我们平时的工作中，工作任务大致可以分为不重要不紧急、紧急不重要、重要不紧急、重要且紧急这几类。例如产品的文化营销这件事，短期来看，是不重要也不紧急的，长期来看，可以视做重要但不紧急的。如果处在现实资源有限（人手不够、没有充足经费）的情况下，那么最好的对策就是拖延。虽然在表面上向老板默认或口头上答应，不过在实际的操作中，可以迟迟不动。

当然，因为人手不够，而在此期间汤姆也不可能闲着，因此没有时间就是最合理的拖延理由。

拖延的办法是消极的，但对于有些非原则性问题的不恰当指令，只能如此。拖延了一段时间后，很多拍脑袋拍出来的主意，都会不了了之。比如汤姆的老板，到时可能又换了另一个主意。

你的人脉后援在哪里

Part 8

借助人脉平台体现和增强自我价值的策略，是人们获得业绩甚至在职场中得以晋升的一条捷径。当然，它同时也是我们寻求得到贵人相助的一种必然策略。把脚步从自己的房间迈出去，到外部的无限空间拓展自己的后援，增加人脉资源，就有机会为自己构建更加充实的人脉网络。

◎对“自我价值”的借势提升

★人脉后援需要及时储备

只凭借自己的能力，即便可以达到一定的高度，即便你才华横溢，也会在走到一定程度时，感到无法突进和势单力薄。一个人的力量总是有限的，他的人脉也总会有自己的边际，所以必须在必要的时候为自己寻找“后援”。

我们的“人脉后援”必须提前储备，才能在需要时从容不迫，以免使自己面临紧急的情况时捉襟见肘，不能及时地解决问题，展示自己的人脉能力。

每一位成功人士必定都有过借助外力的经验，强者如巴菲特、盖茨或者索罗斯、戴尔，如果离了外力的帮助，他们可能奋斗一生的成就也不过与我们现在一样，没什么值得称颂之处。若能将外部的人脉资源与自己的需求嫁接，掌握了引入后援的这一原则并成功运用到日常生活和工作中的话，那么你离成功就不远了。

我们借用别人的智慧、金钱、权势等来扩充自己的大脑，可以增强自己的力量和赚钱的能力，并且扩充自己的人脉库。

凭借他人之光照亮自己的前程，扩充人脉和资源，这就是人脉借势的最大价值。

由牛根生创立的国内著名的蒙牛公司，因为借了行业老大伊利的光，一跃坐上了行业老二的位置；麦当劳、可口可乐、迪士尼的跨行业结合，互相借助对方的资源，实现共赢；戴尔公司通过对国际知名公司康柏的挑战，将自己和康柏归为同一个档次，吸引媒体的目光，这产生的效果绝不是单纯的广告所能达到的。

在广告行业，许多公司都会乐意邀请某一位名人来做自己公司品牌的代言人，这是“名人效应”的体现。他们可以找一些名人来为自己的品牌呐喊助威，然后借这个机会增加产品的曝光率。

借助名人之光已然成为众多现代企业为达到销售目的所采取的惯用策略。

一个知名度很高的人出现在电视屏幕上说，我经常吃你这一品牌的食品，那么有着追星情结的大众也就容易趋之若鹜，都去买你这一品牌的食品；某一位名人说你公司的产品很好用，收到了不错的效果，那么接下来即使你的产品比同类产品要贵许多，大家也会争先购买。

这也就是为什么越来越多的产品不再标榜自己的实力而是不惜重金请名人做代言。

人脉的开拓也是同样的道理。如果你能跟名人搭上关系，和他一起亮相，或者参加某一个活动，或者能让他成为你的后援，不但可以提高曝光率，甚至连你的“权威”和“影响力”也会跟着成倍提升。

许多人在现实的困境中——他们感觉出人头地是一件很困难的事，如果没有文凭、学历和关系，要想成功就必须一步步地熬下去，仅仅是想一下，自己的脑袋就要炸了，他们觉得做到这些所需要的时间简直比自己的寿命还要长。

尤其是在一些组织机构复杂的大公司，他们直接接触到上司的机会很少，露脸都很不容易，更别说让老板看到你的发光点了。

但是，如果这时能够借助一些强势的人脉，找到必要的关系，得到那些有话语权的贵人的推荐，效果就要好很多。但是这个前提是，你必须先完成自己能力的积累，表现出卓越的才能。

借助人脉平台体现和增强自我价值的策略，是人们获得业绩甚至在职场中得以晋升的一条捷径。当然，它同时也是我们寻求得到贵人相助的一种必然策略。把脚步从自己的房间迈出去，到外部的无限空间拓展自己的后援，增加人脉资源，就有机会为自己构建更加充实的人脉网络。

通过一些强有力的外援的人脉，我们可以将原本几十步才能联系到的关系，缩小到六步甚至三步以内，省却无数的时间和精力。为人生节约了时间，也就等于提高了工作效率，加快了事业的进程。

★站到巨人的肩膀上

“巨人”就是那些可以借势给你的人，通过借势，你们之间以双赢的形式达成某种合作，借助他的力量，实现你的目标。

比如一只普通的蝴蝶，它的平均寿命只有1个月，而如果它想从洛杉矶飞到华盛顿，以它的飞行速度需要6个月到7个月的时间，那么，它如何在1个月的时间内完成这样的长途旅行呢？你会觉得这是痴心妄想。但是，方法非常简单，它只要先飞到一列从洛杉矶开往华盛顿的列车上，通过列车这个载体，就能轻而易举地做到了。

这就是借势。列车在很短的时间内就能完成这段旅程，蝴蝶搭乘列车去实现这个计划，根本不需要自己出太多的力——它只要飞上列车就可以了。在人脉领域，借势也就是借用别人的金钱、名望或人脉关系等，达到自己的目的。

对于聪明的成功者来说，借势能够有效缩短自己成功所需的时间，这种行为就是“站在巨人的肩膀上”。就像国内著名的商人王金祥，他就是借助大企业的品牌将自己的事业发展起来的。

早在2002年的时候，王金祥因为与其他股东有分歧，将自己在一家鞋厂的三成股份退了出来。退股之后，他并没有利用自己手中的资源继续制鞋，而是冷静地分析了当前的市场现状。他认为制鞋的厂子良莠不齐，面临的竞争压力都非常大。

从当时的情况来看，王金祥可以走的路有两条：一条是建立自己的品牌，另一条是借用名牌。王金祥想："创立自己的品牌固然是个不错的选择，但这样风险太大了。一是创建品牌是需要时间的，自己这些资金未必支持得了这么久；二是随着市场竞争愈加剧烈，即使是自创品牌也未必能够突出重围。"思考再三，王金祥选择了借势的方式。

既然要借势，就得选择一个有势可借的企业，王金祥选中了青岛双星集团。这家集团是拥有鞋业第一个驰名商标的大企业，也是当时行业中的老大。如果能够借双星之力，那自然是再好不过了。通过考察，王金祥发现双星只生产胶鞋和旅游鞋，皮鞋是它的空缺。在王金祥看来，双星集团产品结构中的这个空缺，正是上天赐予自己的机会。于是，王金祥壮着胆子拨通了双星集团总裁汪海的电话。汪海数天后派人考察王金祥的鞋厂，考察者看到王金祥的小厂房之后，并不看好与他的合作。考察者回去之后数月，合作之事仍杳无音信。王金祥决定赶赴青岛，与汪海面谈。

相见之后，王金祥详细叙述了自己的商业模式、赢利方式及双方的合作条件。汪海被打动了，于是王金祥用1200万元买了双星皮鞋及儿童皮鞋6年的经营权。

回到自己的厂子后，王金祥开始了双星皮鞋的生产和销售。由于双星是大品牌，所以王金祥的腰杆很硬，很快就发展了二十多个有实力的代理商，自己的销售网络初见雏形。

接下来的半年里，双星皮鞋销量达到几十万双，王金祥的小公司也一跃成为当时鞋业中销量最大的公司之一。

几个月后，王金祥收回了大部分投资。此后，除了付商标使用费给双星集团外，王金祥的投资并不大。随着生产规模的不断扩大，王金祥的利润也水涨船高。他的这次借势策略无疑是成功的。

这既可以说是一种人脉的智慧，更是一种经营哲学。它的本质就是借人之力，成己之事，是一种行之有效的求存图变的方式。如果借势借得好，能够让一家企业迅速发展壮大，也能够让一个人迅速地脱颖而出，从底层跃入上流社会，成为一名人脉达人，事业上的新巨人。正如企业界流行的一句话所讲的那样："三流企业做事，二流企业做市，一流企业做势。"

我们由此可见，能够有效做势并借势，是企业经营的最高境界。

◎制造恰当的时机为交流服务

心理学研究表明，环境往往影响着一个人的情绪和心境，而一个人的情绪和心境又影响着一个人的情商。同时，情商的状态又制约着这个人的思维模式。因此，由于环境和时机的不同，人们对于沟通的认可和接受程度也不一样。

因此，时间、地点、环境的差别对于说话的效果起着至关重要的作用。时机对我们而言，是外部的沟通因素和人脉的基础性条件中极为重要的一个。我们需要将“时机”作为单纯的一种资源来经营，让它始终以最好的条件出现在我们的面前，供我们驱使和利用。

★时机是一种宝贵的人脉资源

你应该可以看到，同样内容的话，在不同的场合、不同的时间、不同的环境下，收到的效果也会大不一样。所以我们总是要说，一个人在沟通时一定要注意察言观色，不要觉得自己的本事强、价值高，就可以随心所欲地说想说的话——假如时机不合适，就算你是奥巴马那样的人，你的沟通效果也未必就会称心如意，对方也不一定买你的账。

在合适的环境下，把话说得动听，说到对方的心窝里，这就是说话的目的，也是让人认可的必要因素。这些条件的综合，就是“时机”。这样的时机，既需要你抓住，也可以由我们自己来创造和引导。

有些人天生性急，不看时机就不假思索地脱口而出，往往察觉说错话的时候为时已晚，也因为这错误的时机而失去了很多机会；本来可以把握住的人脉，也因为时机不好而错失。

有时候，即使你的话再好、再动听，如果你说的不是时候，不仅起不到好的作用，反而还会给你带来负面的影响。所以，你要根据对方的性格、心理以及当时的环境氛围，决定你要不要说话，该说什么样的话。这就是“时机”的意义。时机对了，说出来的话自然贴切，能够引起人们的重视，利用有限的几句话或几个动作，就能完整地表达出自己的意思，达到想要的结果。

我们用一个词来形容，就是“恰到好处”。机会必须精确地把握，就像火箭要想上天，必须要寻找一个发射窗口。在这里，我所提到的概念，就是“沟通窗口”。当这个窗口出现时，就是最好的沟通时机；反之，当它关闭时，不管你有什么优惠的条件、美妙的想法，可能都不宜说出来。

成功学大师卡耐基强调最重要的一点，就是把握住说话的时机，适机而说，机会不到时，就不要轻易开口。说话行为只有在与具体的环境结合并保持统一时，才能准确表达出自己想说的意思，达到说话的目的。在日常生活中，我们经常看到这样的情景：一个人在那里口若悬河，侃侃而谈，对方却眉头紧锁，毫无兴趣，即便是这个人一直在夸奖他。最后，对方总会找个这样那样的借口赶紧走掉了事。

这就是时机把握的问题，时机掌握不准，哪怕你的话是天籁，也无法让别人产生兴趣，更不可能达到说话的目的。

那些具有高超的演讲技巧的人，往往能很好地把握住说话的时机，快速地发现听众感兴趣的话题，并且说得恰到好处，这是一种无与伦比的才能。能够很好地把握时机的人，即便是遇到复杂的情况，也能转危为安，化险为夷。

我们尤其要懂得怎么说话，在什么时间、什么地点说什么样的话。在工作中，把握适当的说话时机也是达到目的的重要手段，适机而行才能让语言变得更有价值，否则，说话时机不对，就是失败的说话。

在交谈过程中，每个人都想更多地表现自己，这种适机而行的策略，还要求人们在交谈过程中不要只热衷于表现自己而忽略对方的感受。如果对对方不屑一顾，肯定会造成孤芳自赏的坏印象，最终好话也变成空话。

皮特是美国加州一位鼎鼎有名的大亨，资产达数十亿美元。有一年，他与搭档乔治一起飞往中国的一座城市，准备在那里投资建厂，经过多方努力，终于找到了一个合作伙伴。没几天，皮特坐在了谈判桌前，对方是某一国企的领导。这位领导的精明能干和通晓市场的能力让皮特很欣赏，这位领导对于合作之后的宏伟设想，也让皮特似乎看到了合作之后的光辉景象。

然而，就当双方快要签约的时候，这位领导可能酒喝得多了一些，又自夸道："我们的企业拥有两千多员工，去年创税收七百多万元，实力绝对可靠……"

皮特听到这话脸色立刻暗了下来，一个两千多员工的企业，一年才创造七百多万元人民币的税收，这跟自己的利润目标相差太大了。他想，幸好合同还没有签。于是皮特重新考虑，立即终止了与这位领导的合作谈判，撤销了投资。

马上要到手的投资就这样飞了，原因就是一句不合时机的“好”话，使自己的公司，也使当地经济的发展错失了一次机会。

★打破交流之墙

不管你身处什么职位，说话都要看时机。时机对了，你的话便是一种交际语言，万事可成；时机错了，你就为自己设了一道交流的墙。别人就算想帮你，也会对你的具体能力产生怀疑。

在许多人看来——人们大多是以打工者的身份生存在这个世界上，老板似乎握有最终决定权，作为下属只有服从，所谓的会议、投票、决策大都是一种形式，拍板钉钉还得看老板的意思。但是，每个人明知这一规则，还是希望自己的意见能够被老板采纳，这当然需要你拥有过人的说服力。

你对自己的上司提出一些好的建议，为什么你的上司不会采纳呢？因为你没有选择合适的时机。让对方接受并不困难，而且可以让对方愉快地采纳，只要你能看准时机。

凡是那些人脉场上的明星，必定是超级沟通大师。他们懂得，要想做成功一件事，最有效的方式就是在适当的场合、适当的时机，用适当的方式表达自己的观点。

◎情绪交换和体验

在沟通时我们经常会发现，有些人往往会犯一些非常低级的错误，而他却是当局者迷，不知所以然。他不管别人的感受，兀自得意地进行一场“让人厌烦的表演”。通常，这类人的下场不会太美妙，你肯定不愿意成为他的听众，不想在他的手底下做事，或者跟他做生意或成为朋友，因为他并不懂得体验别人情绪的重要性。

一个自私的人，不会顾及别人的情绪，他只想实现自己的“欲望”。

沟通中一个很重要的要求，就是必须随时体察对方的情绪变化。每个细微的环节和信息都会告诉你一些“与众不同”的东西，会对你说明他现在的感受是喜欢、受用，还是对你的一种厌烦、不舒服或完全不感兴趣。

假如你能灵敏地体会并捕捉到这一点，你就能占据沟通的主动。

你必须学会在沟通中调动对方的好奇心，否则人们很难对你感兴趣。而且，如果你对于“情绪环境”缺乏感知，你就可能会在一种自鸣得意的兴奋中，将一场本该顺利进行的沟通搞砸，并使自己成为对方极度讨厌的人。

有一次，我因为连续两个月糟糕的业绩大光其火，将下面主管销售的经理亚伯拉罕叫进办公室，准备把他大骂一顿然后降职，让他“滚”到下属的一家市场调查公司去，到那里学学怎么开拓市场，说服客户。

但是，当我酝酿了一肚子的怒火刚要脱口而出时，我收住了嘴，没有训斥他，也没有对他说起任何与工作有关的事。因为亚伯拉罕“怪异的神情”告诉我，他现在的精力完全没有在工作上，他甚至对我准备的怒斥很麻木，一点儿都没有紧张和惧怕的情绪。很显然，他此时遇到了别的麻烦，正全身心地沉浸其中。

假如我现在强制性地跟他谈工作，指出他的错误，降职罚薪，他当然不会有所反抗。很可能他也会表现得非常自责，但我敢肯定，这不会收到我想要的效果。在他的眼中，我这个上司的形象也不会太好，因为我没有能够体会他现在的感受。

我给亚伯拉罕倒了一杯水，让他坐下，然后问他：“嘿，我的销售经理，我想有些事我可以听一听，帮你出出主意。”

他“麻木”的神情突然间一变，半张着嘴：“啊，老板……我没什么事，谢谢。”

“哦，那我为什么好像听到了一些风声呢，比如你们部门的业绩。

我想，这跟你的状态不好有关，所以我才会问问你，到底遇到了什么麻烦，也许我可以当一个很好的听众。”

亚伯拉罕表现得羞愧难当，他知道自己的工作出现了重大的失误，导致公司损失巨大。当我叫他到办公室来时，他一定预想到了各种结局，但是没有料到我会放下工作，抱着一颗理解之心，倾听他的“感受”。

他告诉我，早在半年前，他的母亲就患上了癌症。这是一个绝密的消息，为了不影响工作，他守口如瓶，公司内没有一个同事知晓。他一边努力地工作，一边用赚来的钱给母亲治疗。短短三个月，就花掉了20万美元。他现在已经山穷水尽，而他的母亲却越来越危险，他兜里的钱只够支付两周的费用了。

过度焦虑和悲伤的情绪，严重影响了他的工作。这正是销售部近期业绩下降的主要原因，亚伯拉罕怀着愧疚向我倾诉，然后等待我的惩罚。

我说：“不，你错了。你应该早点儿跟我沟通这件事，我一定能帮上一臂之力。我的销售经理，你现在可以放假了，我准许你带薪休假一个月，回去照顾母亲。”

当亚伯拉罕走出办公室时，我又给秘书打了电话，请她帮忙去银行提出一些现金——我自己的钱。我借给了亚伯拉罕，希望他不要再为“没钱能解决麻烦”忧心。我理解一位孝子的感受，就像人们通常都很理解自己一样。这让我与他的关系突飞猛进，当他处理完私事回来时，他的状态已经完全恢复了，又过了一个月，公司的业绩得到了弥补——他以自己超常的努力，让公司的销售成绩得以大幅度地提升。

当然，体会对方的感受，对于人们来说这是一种较高标准的要求。除非你自己也有过相同的经历，不然是很难因为别人的悲伤而悲伤的，也很难在交流中真正地发现并同情对方内心的感受。我们光靠想象很难进入和对方有同样感受的状态。准确地说，人们并不缺乏同情和恻隐之心，而是缺少这方面的经验和反应速度。

一般情况下，人们习惯于以自己的“视觉感应”来与情感发生同步。比如，许多宅女在看电视、小说、漫画的时候，通常会将自己的情感与作品中的主人公同步。但是，当她的丈夫下班回来，表现出同样的情绪时，她却经常漠视，无法感知。

在沟通中感受到别人的情绪，自己不一定也要进入这种情绪，安慰人需要手段与能力，同时也需要必要的态度。

◎六度人脉的情商管理

感受并且理解别人，这属于情商领域内对他人情绪的一种管理范畴，也是一位“人脉成功人士”必备的能力。

我们会多次讲到同理心在不同场合的应用，这是一种感受和接受他人的情商能力。听起来这像是专业术语，但意思很简单：你对他人要赋予你的同情、怜悯和理解。你要换位思考对方的处境，将他的遭遇或心情放置在自己的身上，然后重新作出判断。

每一个人都应是一个善良的人，六度人脉的拓展应该以此为起点。从根本上来说，如果一个人没有这样的情感，就谈不上人性。同时，我们还要达到设身处地为他人着想的境界：

他在想什么？

他需要我做什么？

他遇到了什么困难？

他希望我给予帮助吗？

这要求我们能够站在对方的角度考虑问题，体察到他与你不同的情绪，感受到他人的感受，尤其是那些非正常的——痛苦、不幸或别样的不适。这将使你善解人意，迎合对方内心那种迫切的心情，满足他的心灵的焦急需求。

那么，如何才能培养我们的人脉情商的感受能力？总体而言分为两方面：

1. 平时与人为善，用心感受对方的情绪

你要知道，有一颗善心是做人的根本，也是全世界的人必须拥有的崇高道德的根基。只有怀着一颗善心，我们才会时刻想着他人的利益，才会小心翼翼地去顾及和回应他人的感受，才不至于刻意地让他人受到伤害。

如果一种方式是你自己都不愿接受的，怎么能无情地施加给他人呢？因此，只有在心灵的角度使自己感受到善良的重要，我们才会感受他人、怜悯他人，从而在人际关系的处理中作出正确的选择。

感受别人，必须用一颗善良的心灵去加以体会。有人问我："李先生，在人脉的范畴中，假如要选一个最有威力的词汇，你认为是什么？"我的答案是："最有威力的情感是爱心。"爱心是同理心和感受能力的基础，凝聚着与人为善的动力。人只要具备了爱心，就能从与人为善做起，培养出为他人着想的善良之心。

2. 时常换位思考，对对方的境遇感同身受

遇到事情时，你只要懂得站在别人的角度想一想，你就不会不考虑别人的感受了。有些很难让人想通的事，你只要设身处地地换位思考一下，就很容易理解对方为什么会这样做，你又应该怎么做。你就能原谅对方的一些错误，并改善自己的行为。

在人脉的沟通中，多一些理解的感受，我们就多了一些合作的基础，从而也多了一些双方的共同努力，加深了彼此的关系。

学会换位思考并不困难，我们可以在生活和工作中经常作这样的体验实践。只要养成了固定和到位的换位思考的习惯，自然也就会提高我们在人脉处理中的情绪感受能力了。

美国有一些学校为了培养学生的情绪感受能力，就常常进行这种感受体验的实践活动课。他们会定期组织学生到周边的盲童学校，开展这种收效良好的体验教育。老师会鼓励学生亲自采访盲童在学校的学习与生活，看看他们的户外活动如何开展，从中感受这些孩子的诸多艰难以及他们内心渴望光明的痛苦。

有一次，我带领公司的员工和当地的教会学校共同参加了一项活动，到华盛顿的一家福利院看望那些孤儿，与他们互相沟通交流，从而体会到了这些孩子的内心最害怕孤独和他们那有些自卑的心理，了解到了他们非常企盼亲人看望，希望从中得到精神抚慰的渴求。

“我想有个爸爸。”一个孩子低声地说。

许多学生和公司的员工都被这句话触动。所有的这一切，都让参与者在内心深处产生了深深的触动和对于他人的感恩。

如果你真正懂得了换位思考，你就可以激发自己的善心，从而喜欢助人为乐。当你能够对他人的境遇感同身受时，你也可以更好地理解他人，然后最终换取别人的理解和接纳。这是一种双向的积极而又良性的沟通进程。

其实，对于这种感受能力的培养，在美国的幼儿园和小学时期就已经开始进行了。这让美国人从小就在这方面具备很好的基础。许多华人员工都向我反映，他们从国内来到美国后，能够十分强烈地体会到美国同事对于自己的理解和帮助——在心灵上的理解和非常到位的体贴，让他们感慨不已。

但是我们也清楚，无论美国人还是中国人，他们的人脉情商的管理能力，只要经过适当的训练加以提升，都可以使自己成为一个受人欢迎的人。

在国内时我听到一则故事：

有一对中年夫妇，男士喜欢社交，当他很晚回家后，妻子和孩子都睡觉了。这时，他洗漱的声音没有控制得小一点，把妻子和孩子都闹醒了。仅此也就罢了，但他因为刚回家显得很兴奋，还没有什么睡意，于是又索性将电视机给打开了，还把声音开得特别大，看起了战争电影，闹得妻子和孩子再也无法忍受。孩子哇哇地哭叫，妻子则愤怒地与他吵了起来。

如果此时该男士能及时道歉，改正行为，这场风波也就过去了。但是，他并没有停止自己的恶劣行为，反而主动攻击妻子。最后，酿成了一场家庭悲剧。两个人决定离婚，并因财产分割而对簿公堂，还上了电视节目。

看起来这是一件“无所谓”的小事，生活中时有发生，但从本质而言，却属于不顾别人感受的低劣的行为。处理不当，就极有可能从小事变成不可收场的大事。

也许你也会经常遇到这样的事情：邻居唱卡拉OK的声音大得成了让你难以忍受的噪音；装修的人在你楼上敲墙打孔时，也不管你是否已经休息，肆无忌惮地做着这些影响他人生活的事情。

这些都是缺乏换位思考和不理解他人的行为，当然也是令人十分厌恶的行为，假如你自己曾经有过此类行为，就有必要冷静地思考一下，然后将之改正，否则你会失去许多朋友。

六度人脉的利益法则

Part 9

利益的规则就是如此，你必须先发制人，让大家看到你的成绩并予以肯定，之后再提出你想要的条件。你所需要得到的人脉，其本质并非出于你的需求，而是你能付出的利益。你在努力为公司、为对方带来利益的同时，对方也在对你进行观察和衡量。人脉关系从来都是相互给予的利益交换，而非你一相情愿的获取。

◎表明你的立场

★前提：做好自己的工作

“表明立场”的前提是你必须做好自己的工作。只有胜任工作的人才有资格谈到利益，否则沟通就成了无源之水和无本之木，缺乏实现的基础。

你只有自己的工作能力出色，业绩也不错，然后才能跟对方提出正当要求。你可以向上司提出升职加薪的建议，保护自己的利益。你可以向客户或朋友提出你的“条件”：我对于当前的利益分配不满意，这份协议应该进行修改；或者我们之间发生了问题，正确的解决办法应该是什么。

但是，你只有让对方看到你的价值，才有资本去对他施加压力，达到你的目的。

如果你自己无可挑剔，这一招确实会起到应有的效果。比起你直接找到上司，大言不惭地跟他讲：“你先给我升职加薪，然后我将工作做好。”两者谁会成功呢？

利益的规则就是如此，你必须先发制人，让大家看到你的成绩并予以肯定，之后再提出你想要的条件。你所需要得到的人脉，其本质并非出于你的需求，而是你能付出的利益。你在努力为公司、为对方带来利益的同时，对方也在对你进行观察和衡量。

人脉关系从来都是相互给予的利益交换，而非你一相情愿的获取。

在人脉关系的处理上，一旦涉及利益问题，主动出击是没有问题的，让对方意识到你的立场是什么也非常重要。这不仅可以让对方答应你的要求，还会为你赢得尊重。不过，正像我强调的，你必须确实值得对方这么做，要实质性地拥有让他这么做的价值。

在实施这一策略之前，你要确定自己有必胜的把握。比如，只有你的产品质量过硬，销路很好，才不会因为价格的高低而影响到顾客的购买欲望。不然，谁会买价格比同类产品要高得多的产品呢？顾客望而却步，你又拿什么销售产品呢？

总的来说，只有你可以为对方提供必需的帮助和利益时，对方才能为你付出相应的回报。

所有的人脉策略，能够运用在正面，也可以运用在反面。如果你执行了相反的路线，先提条件再谈付出，对你的形象就会造成极大的损害，特别是当你与对方初次交往的时候。

人们的第一印象特别深刻，第一印象一经形成就会在脑中形成一种思维定式，想改变很难。假如你给人留下了只想获利而不想付出的形象，你即便再怎么表白心声——可能你的本性善良，也于事无补。

因此，正确表白立场的前提，是你明确自己的资本：我能做什么？我做了什么？

假如你可以适时地采取措施建立良好的工作形象，并对自己进行充分的自我保护，或者积极地行动起来，那么，局面就会完全改观。

★“我志在必得！”

不管是在职场还是在日常生活中，志在必得这一策略都可以作为为人处世的一项重要指导原则。这不仅是一种六度人脉的攻守智慧，更是商场的赢家应该具有的谋略。

请看下面这个例子：

某座城市的一个批发市场的所有商又新建了一栋大楼，准备打造成一栋名牌商场，新楼里三十多个黄金店面正在一一竞拍。拍卖会选在公司的会议厅里举行。拍卖会开始后，放眼望去，公司会议厅里座无虚席，挤满了人。十点，拍卖会准时开始，从新楼最好的店面开始竞拍，起价是三十万。

拍卖师话音刚落，“八十万！”大家循声望去，是一个财大气粗的中年男子。霎时，整个会议厅鸦雀无声，竞拍者都吓了一跳，大家面面相觑，都认为这个中年人肯定是发疯了。竞拍师反应最快，缓过神来的他在拍卖席上叫喊着："八十万一次，八十万两次，成交！""当"的一声，一锤定音，最好的商铺被中年男子以八十万的价位拍走。

一拍到铺位，他就匆匆地离开了。

然后又是第二个铺位，这时，所有的竞拍者都有了心理准备，争抢的人越来越多，竞争很激烈，最后以一百万的价格被一位批发商拍得。一上午所有的店铺都拍卖一空，最差的也拍了三十五万。

如果你仔细地衡量一下就会发现：其实第一个拍卖者是最大的赢家。

后来，有人问这位竞拍者，为什么你一开始就把价格抬高到了近三倍的幅度，难道你疯了吗?

他却笑一笑说："拍卖会开始之后，我就快速地以我的经验预测出，就算是按照常规来拍卖这个店铺，最低也能拍到一百万之多。所以竞拍师一出价，我就先主动把价格提到自己认为最理想的价位，先在气势上震住其他的竞拍者，而且竞拍师是整个场面的主角，他的反应应该最快，这样在其他竞拍者还不知所措的时候，他已经宣布成交了。这样我就节省了不少钱。"

在这一案例中，我们不难看出，利益问题的根本在于你必须首先出击，表明你的立场，并且对此志在必得。这不仅是人与人之间交往的常态，更是商界的赢家惯用的手段。

这一策略的使用，也是基于人的本性。人性中都存在弱点，只要找到这一最佳切入点，就能很好地制约对方。每个人的心中不全是理性的世界，它还有一部分感性存在。人们无法在任何时候都做到绝对理性，认清形势，即便那些资本雄厚的强者也不例外。假如你擅长在适当的时候扮演一个“弱者”，就能博得对方的同情；而如果你能够异军突起，强势出击，以一个强者的姿态突然出现，也能使你获得气势上的先机。

所以，在“利益人脉”的竞争和开拓中，适当地将某些人们共有的人性作为切入点，为己所用，不仅仅会为你自己的成功寻找到意外的基石，还可以利用这些人性的弱点成功地达到目标，这是一样公关与沟通技巧中的制胜法宝。

想要顺利地获得下一步的发展，关键就是要保护利益，明白自己的底线在哪里。立场确定之后，才谈得上使用什么方法。有时候需要你毫不犹豫地亮出底牌，对于某个目标志在必得，在与对方的竞争中占得先机，征服客户和对手。如果你连这种勇气都没有，那么你将注定是人脉场的失败者。

作为一种说话和公关的技巧，志在必得所体现的是一种以刚克刚的精神。以此扰乱对方的阵势，以迅雷不及掩耳之势压倒对方，让对方折服于你的勇气。

因此，在进行人脉公关前，先在语言或行动上为自己营造出一定的气场，造出一定的声势非常重要。你不妨观察一下，聪明人的说话方式中一定包含这种策略，因为他们明白，只有先震慑住对方，让对方找不到反驳的机会，自己的表达才会对其产生预期的作用。

◎为他人承担错误的回报

★勇于承担责任

敢作敢当，是一种优秀的做人品质。没有人不喜欢这种优秀的品质，一个能够承担责任的人，必定是一个值得信任和托付的人。勇于担责，它所体现出来的不但是一种崇高的做人境界，还透露出了良好的修养。

有时候，你不但要为自己的错误埋单，还要迫于形势代人受过，承担别人（你的上司或客户）应该承担的错误。你可能会质疑：这太有失公平了，为什么所有人的责任都得算在我的头上？

有位来自蒙大拿的黑人小伙就曾经向我抱怨：“我的老板坏透了，那个满脸皱纹的白人，他总是让我替他的错误埋单，在会议中无休无止地训斥我，还宣布扣罚我的奖金！他有种族歧视，故意整我，他想开除我，但不说出来，就用这种无耻的手段逼迫我主动辞职。”

我问他：“你的奖金扣掉了吗？”

黑人小伙不屑地说：“虽然没有，但我耻于收下这笔钱。”

“这就对了。”我说，“这表明你的老板并没有真正怪罪于你，而是出于维护他自身的权威，选择了用你来替他遮风挡雨。从另一种角度看，这难道不是一件好事吗？我认为他根本没有什么种族歧视的观念，因为你是他的工作助理，所以让你来承担这种责任是他必然的选择。”

“这么说，我必须替他背黑锅？”

“你可以不背，选择走人，但你也可以选择承受这一切，并利用这一点赢得他的更进一步的认可，为你争得更好的发展空间。”

如果你转换思维，你就会发现，替老板背黑锅的回报是巨大的，只要你善加利用，并聪明地选择正确的方式。因此，黑人小伙与其沮丧，不如乐观地对待。他如果可以审时度势地主动为老板承担一些无伤大雅的错误，那么他完全可能在不久的将来晋职加薪，前途无量。

无论在中国还是在其他国家，领导或者上司都有一个通病——自己犯了错却碍于情面不肯主动认错、承担责任，作为一名下属，如果你能够及时站出来，甘愿去做一只替罪羊，你的老板会不给你点甜头尝尝吗？代其受过换来的是晋职加薪的机会，那么你何乐而不为？

现在的公司就好比一个国家，公司的人脉场相当于一个官场，老板就是古时的君主，而属下都是臣子，员工统统为其治下的一枚棋子。在这个棋盘上，你要仔细计算自己的价值，能够提供多大的价值，就有机会得到多大的收获。

你要清醒地知道，就算是再贤明的君主也会有犯错的时候，何况他是老板？如果老板犯了错，而你也知道这是老板的过失，那你怎么办？不管是在什么样的场合，他都需要一个转移责任的“工具”，或者当他的错误暴露的时候，他急切地渴望有一个人站出来帮他分担。你可以承担这个角色，将错误包揽到自己身上，给他留足面子。

只要影响到了他的权威，即使不是你的错，有时你也得勇于站出来承担，而且最好把自己的“错误”夸大化，大到让人觉得可笑的程度自然事半功倍。代受老板之过，就像刮风下雨是再平常不过的事，你不要觉得委屈，因为认错只是向你的老板表明你的一种态度：我在帮你解决问题，而不意味着这真的是我的错。

代人受过只会暂时使你受一点冤屈，实际上受过之人将有机会成为最大的受益者。如果运用得好，信任、运气通通都往你身上靠拢，上司委你重任，客户和同事高看你的胸怀和人品，并愿意与你交往——因为你的宽容之心和敢于担责的品质。这是你做多少庸碌的工作都换不回来的。

当然，这需要你学会计算投入产出的成本，你要知道自己将要投入多少，得到的回报是多少，也就是一种人脉的投入产出比的计算。在工作中，我们适当地代受老板之过是没有坏处的。但是，当每天在你面前颐指气使、发号施令的上司犯了错误时，不同的人会有不同的选择，有的熟视无睹，有的当众指出，有的揽到自己身上，做一只“替罪羊”，因此也造就了不同的职场命运和人脉前景。

许多人在进行投入产出比的计算时会发生原则性错误，比如一些新人——他们或是刚开始工作的年轻人，或是由于正义的原则太强，使得自己疾恶如仇，当黑锅掉到自己的头上时，以一种初生牛犊不畏虎的英勇来努力地捍卫自己的“正直”。他们和上司据理力争，其初衷是不让上司怀疑自己的能力，怕被上司误解，面对顶头上司的推卸责任，生怕会在更高级的领导面前失去了信任。

这样的做法从“是非”的角度上来说很对，但却让你的上司陷入一种很尴尬的境地，你的前途是很危险的。他不一定会让你走人，但你一定无法在很短的时间内得到他的信任。

一个有用的人必定是对老板有利用价值的人，聪明人会将自己的利用价值展示在老板面前，并任其利用，这样他的职场前景才会一片光明。

美国航空公司的董事长埃布尔·卡西曾说：“当今的职业生涯中，最好的哲学就是提升你的老板。对每一个想脱颖而出的下属而言，运用这套哲学能加强他与老板之间的互惠关系。”

在上司需要的时候，挺身而出做他的“挡箭牌”，使他免于被舆论指责，也是提升自己潜在价值的一种重要方法。

★这不是我的错，我拒绝

“承担责任”有它的适用范围，那就是不要超越你的利益底线。如果你只能承受一百斤的东西，结果后背压上了两百斤，那你只能被压垮。在承担责任时，你必须有自己的分寸，如果超过了自己的限度，你就要勇于说“不”。不然，一些会造成重大损失或更恶劣影响的事情，也会落在你的头上，使你坠入无法跳出的地狱，成为老板或“贵人”的炮灰。

一旦遇到这样的事，你要采取一切手段，据理力争，证明自己的清白，否则你只能成为一个牺牲品。

我们通常不难发现这样的事情：有的老板犯了很致命的错误，就会很自然地找一个不重要的小兵来承担责任，把你开除了事，对你进行栽赃，或者对你有意见故意向更高级别的领导打小报告。而你呢？假如你是一个没有辨别能力的人，就会为求安稳——保住这份工作，不想抗争和得罪老板，于是毫不辩白、毫无怨言地承担下来。

等你清醒过来的时候，你已经端着箱子站在大街上了。

这样的人长此以往只能混迹于底层，被上司和同事当做软柿子。他的人脉关系也是一场噩梦，很难得到别人的信任和同情，也无法体现自己的价值，让人尊重。或许这种事还只是一场连续的“小兵之旅”的开始，即便你不会因此离职，一旦你的坏形象在更高一级上司那里成了定式，别指望他们会在某天突然注意到你的闪光点或是明察秋毫，公司的员工太多了，你不足以被他特别重视，你会一直被当做经常犯错的小兵——即便这些错误都是别人强加于你的，你自己无可挑剔。

想要打破这种定式，你就得在关键性的事情上毫不客气地反击，以有力的事实向上一级的管理者证明你的能力和忠于职守的品质，将这样的“坏事”变成“好事”。

大多数情况下，上司所犯的错误并不是恶意的。在一些不违反规章制度和不触及做人底线的事情上，你可以替他承担责任，也大可不必去申辩。但在遇到足以危及你的根本利益的事情时，你要做的并不是忍辱负重，而是马上为自己申辩，以还自己的清白。

因此，聪明人的做法就是适当地代人受过，以此获得上司的青睐，拓展自己的人脉资源。但当你的得到小于付出的时候，就要果断地加以拒绝。

◎同理心的安抚效应

当一个人将他自己“不幸的遭遇”向你娓娓道来的时候，你作为听众是不是也感同身受，陪着他一起伤心和难过呢？

相信你会毫不犹豫地回答：“我会的，我是一个善良的人。”

那么，当你急需他的帮助，而他却正处在烦恼缠身的状态时，你又当如何去做？

在一次课程上，我曾经就这一问题给出了四种选项：

A. 以最大的同情心迅速给予帮助。

B. 听听他怎么说，视难易程度决定我的“付出”。

C. 口头上给予同情，但继续请求他的帮忙，因为解决我的麻烦也很重要。

D. 马上找别的人，我不想浪费时间，他可以自己解决问题。

就这一试题进行解答的共有78名学员，其中有43人选择了B、C和D这三个选项，只有35人选择了A，比例还不到一半。这充分证明了一个冷酷的现实：人们总是首先考虑自己的利益，而且是自我利益至上。如果自我利益不能得到保障，就会马上抛弃挂在嘴边的美好品德，转而他寻，以保护自我利益。

然而，假如你稍有“战略眼光”，哪怕多付出一些耐心，能够安抚对方的同理心，你所能得到的会远超你冷冰冰的利益付出和通过公式计算出来的回报。没有一个人是完美的，每个人都会犯错或者失去一些东西。站在对方的利益角度，为他考虑，拿出你的诚意去安抚他，你就能得到对方在心灵层面的认可。

他会想："这是一个真正懂我的人啊，我为何不与他站在同一条战壕里呢？"

这能让你花最少的精力和时间，去做成一件最为成功的事情。

我有一位新加坡的朋友孙先生。有一次我因公到新加坡出差，就给他打电话，希望他能帮助我联络国立大学的查克教授。我知道，公司的这项业务，需要查克教授在学术方面给予支持。我们的广告部门策划了一桩完美的方案，在新加坡本地利用学者的专业形象进行营销。孙先生的儿子正好是查克教授的得意门生，他能够帮助我联络这个非常重要的"人脉"。

从美国出发之前，我就已经给他发了一封电子邮件，简略地介绍了这件事，但当时他回复的答案是"No"（不）。这是一个糟糕的开局，不过我还有机会，因为他与我是多年的好友，我们之间的沟通十分顺畅，即便涉及利益——朋友之间往往会因为利益而产生不快，也依然有充足的理由去耐心等候。

孙先生如约来到了酒店，出乎我意料的是，他的状态很差，西服好像有些时日没洗了，脸色灰暗，一脸霉运。一见到我，他就苦笑道："维文，我离婚了，事情缠身，家里乱成一团，儿子对我也有意见，抱歉，这件事情实在没办法帮到你了。"

这是人生的一大灰色变故，谁的生活中发生了这种事，确实都够他受的。同样，对我来说，这的确也是一个沉重的打击。

我该怎么办？这是一个艰难的选择。因为根据公司的计划，我只在新加坡停留两天，当天傍晚，我就需要跟查克教授联系上，然后沟通后面两天的会见时间，假如他答应见我的话，这两天就要把细节定下来。时间之紧张，容不得一点懈怠，也没有空暇去作多余的等待。

这意味着，我似乎应该马上跟孙先生告别，紧急联系公司，准备第二套方案？

不，我选择了另一个方向："真是一件让我惊讶的事，为什么不早跟我说呢，我一直在关心你的动态。"

孙先生停了一下说："丢人的家丑，就不要外扬了。"

整个下午，我都在耐心地听他讲述整件事的来龙去脉。他与妻子最近两年的矛盾、冲突，孩子的前途和家庭的财务危机，由此引发了这次离婚的结果。我偶尔插言，告诉他我的理解以及我对他的认可。

我说："你这样做是对的，不要内疚，既然选择了，就得大度地去承受这些，也许生活本来就是如此，每个人都要承受一些不想背负的痛苦。"

孙先生感激地对我说："谢谢你对我的理解，这是我最近一个月来听到的最真诚的安慰了。你知道，就连我的父亲和母亲，都不认同我的决定。"

离开酒店，我心事重重，既为他的遭遇难过，又为合作的事担忧。我在孙先生的家庭变故上“浪费”了太多时间——整整三个小时，距离计划的联络时间只有两个小时不到了，我甚至连名片和合作信息都还没有送到查克教授的手中。

正当我犹豫不决地拿着手机，焦虑地思考是否要直接联系查克教授并接受被无情拒绝的失望结果时，手机屏幕突然亮了：孙先生的电话。

我急忙接通：“喂，有什么要我帮忙的吗？”

“不，维文，我想我应该在你的这次任务中出一份力，作为朋友，这是我分内的事。”

“啊……”

“我刚才联系了查克先生，他答应半小时后给我答复。”

“谢谢，我不知道该说什么才好。”

挂断电话，我百感交集。我的耐心和对朋友遭遇的同情，以及我为此付出的理解得到了回报。但是，这难道不是应得的吗？如果你对每个人都给予最大的理解，同情他的遭遇，并支持他作出的每一个决定，你就能得到相应的回报。

当你的人际关系遇到障碍时，当你因为某一次业务的失败而垂头丧气时，或许你该思考的并不是对方在利益方面的“不满足”而对你的层层设限。你可能缺乏一颗同理心，你对他毫不理解，也不想给予哪怕一丁点儿的理解，这导致你根本不可能从他那里得到一丝“怜悯”。

安抚效应的体现通常是多方面的，但就目的而言，我们可以达到一系列的务实目标：

1. 相互的理解和安抚，容易激发对方与你在同一条阵线的心理。

2. 每个人都有不同程度的“感恩心”，人们总想对那些理解自己的人提供力所能及的帮助。

3. 即便不能在短期内获得回报，你也相当于种下了一棵树苗，它总有成长壮大的那一天，为你提供足够的阴凉，这关乎一种经营人脉的长远眼光。

4. 安抚效应的最大价值，则是塑造了你健康和正面的人际形象。你不仅可以成为他的优秀的客户、合作伙伴、配合默契的同事，你还能真正地走进他的内心，成为他可以信赖的朋友。

5. 关于朋友的标准，或许它就体现在这里：你是不是一个能够静下心来倾听他的“不幸”的人，而不是着急地希望他能为你做些什么。

◎利益对立下的人脉结合

有一些人，你会发现跟他没有什么道理和原则可讲。他在你的面前如同一座冰山，不会被你的热情融化。无论你怎么努力，他都很难成为你的人脉库中的一员，他不想和你做朋友，也和你做不成朋友。

★ “我和他做不了朋友！”

出现这种情况的原因，大概有下述的几种：

性格冲突，脾气不合。

彼此之间的价值观不同，互相反对。

利益对立。

在这三种因素中，最根本的原因往往是利益的对立。你们在利益的分配上存着极端的冲突，看起来不可调和，只能争个你死我活。在这种情况下人们通常想：我和他怎么能成为朋友呢？不拼个你死我活就不错了，想成为彼此的朋友，那是休想！这样的关系，大多出现在具有竞争性的同事和同行之间。

于是，互相之间谁也不服，争斗不休，结果就是两败俱伤。

解决这一症结的办法有两种，你要么与他针锋相对，用利益的较量压倒对方，以赢得对方的尊重和退让；要么，你就要适当妥协去寻求利益的结合点，以求和他达到一种共赢状态。

也就是说，在利益对立下的人脉结合，我们通常需要去寻求一种

“不是最坏”的结果，而不是追求两种极端：要么我赢、要么他赢的“你死我活”。

★捍卫自身利益的“正当性”

如果能够确立自身利益的正当性，对方即便不能接受你，也会畏惧你。凭借这种正当性——“这就是我的，不是你的，无论从人情还是法律上，都不可能属于你。”你就能在气势上压倒对方，在人脉效应上占据主动性，为自己赢得旁人的支持。

在沟通或谈判的过程中，我们就可以使用这种办法，一方面能够震慑住对方，让对方对于你的态度产生别样的看法；另一方面，也可以利用这个机会，阐明自己正确而毫无漏洞的观点，使对方无法再狡辩下去，只能改正错误。

但这不是说你要指着对方的鼻子发动强烈的攻击，重要的是抓住对方的逻辑错误，以理反击，在心平气和中展现你的原则和你正确的意见，让对方无地自容。这是以逻辑推理去否定对方，需要你具备强大的勇气和过人的智慧。

比如，你会遇到一些滥用职权的上司，他们欺压下属，常常是一副盛气凌人的姿态。在面对这样的上司时，我们都会在内心产生两种想法：其一，唯唯诺诺，唯命是从；其二，据理力争，针锋相对。

在现实中，我相信大多数人都会以第一种反应而结束对立，他们害怕得罪上司，也不想因为一些争论在上司的眼中留下黑色印象。可是，如果这其中牵涉到具体的利益之争，你就必须选择第二种，假如一直对其忍让和妥协，就只能增加他的气势，使自己一退再退，最后无路可退，很可能丢掉一切。

有一家公司，他们的客户部分为三个独立的小部门，每个小部门彼此之间既有共享的利益，又视彼此为竞争对手。当公司争取到一个客户的时候，三个小组的竞争战也就宣告打响了。

他们先是各自独立制订出具体的方案，拿到了大会上，各自进行详细的阐述，在其中选出最为可行的一种作为既定方案，然后将其他落选的方案，取其精华去其糟粕，把精华部分安放进既定方案中，这样相互竞争、相互补充。

本来这是很好的一种管理模式，可以更大程度地激发出各个小组成员的工作热情和潜能，而且可以共同进步。却因此滋生出一些不正之风，比如有些人会去剽窃别的小组的方案，通过阴暗的竞争手段击败对方，损人利己。

希尔是A部门中新聘的员工，业务素质很好，做事反应又非常灵敏，在作市场调查方面也很有发言权。因为刚进公司不久，她对公司内的规则还不熟悉，同事之间的相互了解也不是很多，所以就发生了这样一件事情。

公司刚刚争取到了一个新客户，按照惯例，客户部三个小部门同时进行各自的策划方案。因为大家都知道希尔的工作能力，所以她就成了别人“下手”的对象。在作完市场调查问卷报告后，主管B部门的主管墨菲先生就私下里找到希尔。一开始墨菲就摆出了一副高高在上的架子：“希尔小姐，听说你在市场调查方面的能力很出色，想必这次也完成得很好吧。我跟你的顶头上司是好朋友，这样吧，如果你把你这次的调查报告和我们一块儿分享的话，我可以在他面前替你美言几句。如果你拒绝的话，那你明天就不会出现在这个公司里了。”

希尔从容地说道：“我早就听说墨菲先生的团队是很棒的了，方案的设计自然也应该是一流的，要不这样，你把你们的具体思路告诉我，我在我的上司面前替你说几句好话，说你如何关心他的下属，想必他肯定会更看重你这个朋友的。再说，我去留的决定权掌握在我的顶头上司手里，这好像跟您没有什么关系吧？”

说完这些话，希尔就优雅地转身离开了，只剩下墨菲在她的身后无言以对。

这一案例中，希尔在自己的切身利益方面与看似强势的部门管理者针锋相对，毫不退让，保护了自己团队的利益，从而也维护了公司内部公平竞争的机制。

不过，在这类问题的处理中，利益问题寸土不让的方式也不能滥用，关键是你要先抓住对方的要害，再进行反击；你要掌握言辞的力度，达到一针见血和有理有据的效果。如果你跟对方讲了半天，却没有一句说到点子上，又有什么用呢？

人脉公关的“六维度”法则

Part 10

反省自己的错误并主动向对方承认，这可以使对方觉得自己受到了尊重，那么对方就会表现出一种宽容的态度，从而达到你的说服目的。只有正视问题，才会让你轻轻松松处理好人际关系，化矛盾于无形。时时刻刻提醒自己，多作自我检讨，对于你建立起一个良好的人际关系网是极为重要的。

◎选择合适的话题

我们经常能看到这样的场景或者听到这样的故事：一位向来临危不乱、口若悬河的人，总能在遇到火烧眉毛的紧急情况时，借助一个合适的话题就巧妙化解危机，从而赢得大家的赞许和肯定。与此相反，一些在交际方面能力平庸的人，则拙于口舌，在紧急时刻更加手足无措。

在本章中，我们就交际沟通的一些情境化问题，介绍一些基本的原则和解决办法。无论你在沟通时遇到了什么问题，都可以在本章中找到相关的内容，并且学会和熟练地运用应变的方法。

★内容和目的

在沟通时选择话题十分关键，通常那些善于表达的人，往往在选择话题方面表现得非常到位：谈论的内容一般都是由某个话题引起的，而他们的观点又能够紧紧围绕中心议题逐步展开。他可以正确有效地就交谈的内容引出自己的目的，不但巧妙自然，而且合理有效，成功地说动对方，并且掌握交际的主动权。

美国一位名人曾经说过：“巧妙地借题发挥，往往能使沟通突破阻碍。”这句话是说交谈的内容对于人与人之间沟通的重要性，可以使得沟通趋于顺畅，构建愉快的氛围。经验丰富的辩论家和那些交际高手，总是能够将此发挥到出神入化的地步，他们不会放过对方的任何一句可以为我所用、宣传自己观点的话，并尽量地夸大其价值，将影响扩至最大，这样做，不但有利于自己观点的宣传，还可以很好地击破对方的防线，直到说服对方同意自己的观点，取得预期的效果。

当交际不利于你时——你们之间交谈的内容使你陷于被动，你无法提出自己的主张，或者对方始终掌握方向，将你拉向一个危险的境地：你不得不同意他的观点。这时，你就需要转移话题，选择有利于你的内容，从而向目的靠拢。

你需要运用自己的语言，巧妙地把现在的话题间接地过渡到另外一个话题上去，改变对方原来的意图，让谈话尽量转弯向有利于自己的方向行进。

在人脉沟通中，我将这种方法称之为“话题转移”的心理操纵术。说白了，就是内容的选择——通过选择内容来决定目的。怎样在话题的引导上占据主动，让谈论的内容始终停留在你最擅长的区域呢？这是人们最关注的问题。一个善于转移话题的人，他在谈判和公关中经常可以引领风向，不容易被对手控制，从而也就可以充分地表达自己的观点，去说服或者打动对方。

电视台主持人向来被称为仅次于辩论家的最会说话的人。如果我们仔细倾听、细心研究的话，不难发现在各种各样的节目中，主持人非常擅长转移交谈的话题，他们常借某一话题旁及另一事物或阐述另一种原则，又或者阐明超出节目范围且具有指导作用的观点和看法，然后成功地将主动权握在自己的手中。

“话题转移”在内容的表达和目的的实现上，不仅可以起承上启下的作用，以达到丰富谈话内容的目的，而且还可以巧妙地随机应对临时出现的变故与危机。

★人脉危机的救火策略

人脉沟通的心理操纵术在具体的划分上，分为话题的选择和心理的控制两种。其中，话题选择属于技术层面，心理控制则贯穿始终。操纵对方的心理不但能让你实现自己的公关目的，而且这还是六度人脉的各种应用中常用的一种行之有效的技巧，这经常被用在解除公关危机的手段中。

当问题出现时，一系列公关活动的直接目的便是“救火”，通过控制事态，尽量减少对公司和你个人形象的损害。然而，其根本目的是有意识地借助这次事件，因势利导，把握趋势，变祸为利，从而向好的方面扩大自己的收益。

这就是一家成功的公司一定会成立自己的公关部门的真实目的所在，同时也是我们为何如此强调“危机解决能力”对于人脉好坏的决定性意义的原因。

这均隶属于人脉危机的救火策略的范围，可以帮助你应对各种各样的紧急情况，这是一般语言技巧或者只是有一个真诚的态度所不能完成的。在现实世界中，人与人之间随时都有可能发生千姿百态的突变，怎样才能从容自如地应对这些突变呢？

每个人都会犯错，但是承认自己的错误一定会让人感到遗憾，那么有没有办法将自己错误的言辞化为一种不算太坏的结果呢？找一个合适的话题将注意力转移过去，就是常被交际高手选择的方式。当你已经意识到自己的错误或有人指出了你的错误，你千万不要惊慌失措。转移话题虽然未必是最好的办法，却是备用的而且也是最有效的手段之一。

这么做的前提有两个：

你需要瞅准适当的时机，借“错误”的言论来阐述另一番意义，将自己的错误转变成另一种结果，解尴尬于无形之中。

但你必须有较高的知识储备和临危不乱的心理素质，这样你的话题转移才能拥有更高的质量，为自己的目的找到最佳的实现方式。

如果你善于选择合适的话题，那么不论在何种场合，只要有交流就能让你脱颖而出。在现代的人脉场中，你根本不需要羡慕别人巧舌如簧，你只要可以洞察局势的进展，并且把握双方的心理变化就可以了。

◎真诚和原则是两大法宝

真诚：

你与人的交流必须富有诚意，任何虚伪的心态都必须排除。即便你做不到普遍的真诚，你也需要在点对点的人脉沟通中，拿出你最基本的诚意。

原则：

你必须同时具有是非的底线和必要的利益红线，道德和主流的价值观是你需要维护的，这有助于帮你赢得好名声以及更多人的赞同。

如果我们对“真诚”和“原则”这两种人脉因素综合分析，我们可以将它们作为一种做人和做事的普遍的价值观予以掌握。即，我们在说话时一定要符合公众都认可的道理，做事的时候要符合主流社会对于一个人的基本要求。

这样一来，你说的话和做的事，才会富有更好的感召力，成功地为你争取到大部分人的支持。这样有助于塑造你的个人形象，增加你在人脉场上的魅力。

★目的正义原则：真心为对方着想

这一原则的应用通常有两种情况：下属对上司，或上司对下属。沟通的目的是说服对方改正一些错误，而不是单纯为了关系的巩固。当涉及利益和工作的沟通时，目的的正义性就显得特别重要。

上司的做法如果存在一定的争议，这时作为一名合格的下属，如果想站出来帮他细细分析、解剖，那么在剖析事件的过程中，你要本着解决问题的原则而不是出于私利，只要这一方向把握住，上司如果不是太过于执拗，那么他即便不接受你的意见，也不至于对你产生极端的看法。

同样，下属有更多的犯错误的可能情况出现时，作为上司，对待犯错的员工，恶语伤人和侮辱对方的人格都只是下策。员工做错了事，你拿出领导的架子来批评他合情合理，但这种批评也一定本着真诚和解决问题的原则去就事论理，指出这件事究竟错在什么地方，为什么会错，并由这件事总结出正确的解决方法，这样员工不但会认错，还会对你佩服有加，增强你的领导力。

尚恩是一家知名软件公司的销售总监，在他的带领下，销售部的业绩一直红红火火，稳居第一，但是他上面突然来了一个搞学术、技术出身的苏总。这位苏总的工作重点长期局限于研究和开发领域，对于销售知识一知半解。尽管如此，苏总却还是经常呼东喝西地插手销售的事。没过多久，销售部的内部体系便被苏总折腾得乱七八糟，销售业绩也受到影响，一滑再滑。一时之间，高层的批判，员工的埋怨，让本来在销售圈里曾经赫赫有名的销售大王尚恩有苦难言。

经过一番思考，尚恩决定用自己的销售智慧和口才把不精通销售的苏总“同化”了，让他的销售思路跟着自己走。这样自己既不得罪他，又能解决公司目前遇到的麻烦。与此同时，苏总对自己插手销售部之后的情况也很是了解，销售部业绩一再下滑，他自己当然也对这种情况担忧起来。

在思考了很长时间之后，尚恩决定主动找到苏总仔细地谈一下，将事情全部摊牌，让他不要再无端地调整销售部的体制。正当尚恩起身准备去找苏总的时候，苏总恰好进了尚恩的办公室，满脸愁容地对他说：“你看这段时间公司销售业绩持续下滑，该怎么办呢？”

尚恩于是便趁机说：“苏总，首先，这件事我的责任是最大的，我没有带领好自己所管辖的部门，导致销售业绩一路下滑。其次，公司里设立不同的部门，应该各司其职，互不干涉，大家为了共同的目标各施所长，只有在需要的时候，才能相互给予不同的建议。但是如果各部门之间的职能顺序相互颠倒、杂乱不堪的话，那只能导致一种情况——让公司发生混乱。只有大家都在自己擅长的领域各尽其能，专心地做好自己分内的事，才能保证公司健康向上地发展，您说是不是呢？”

苏总听后，先是一愣，继而满脸通红，抱歉地说：“你说得不错，我真是糊涂了，怎么没想到这一点呢？”最后，苏总成功地从销售部“撤”了出去。公司又回归正常，销售部的业绩自然又一路飙升了。

事情得以圆满解决的原因，是两个人都抱着为公司着想的态度，而不是争权夺利。假如苏、尚两人都只想着扩张自己的权力，将对方彻底打倒的话，那么局面只会朝着一个方向发展：两人斗得你死我活，公司的运营却一塌糊涂。即便最后有一个人“赢”了，也只会是一个糟糕的结局。

只有目的是正义的，双方都真诚地本着解决问题的原则去沟通，关系才不至于遭受破坏。也只有这一原则得以执行，你才能既解决了工作的麻烦，又维护了你的人脉关系的良性发展。在这一过程中，重要的是要善于疏导，巧妙地运用沟通的技术，让对方面子上过得去，又能理解你的行为，从而和你站在同一阵营。

★“就事论事”才能赢得尊重

在沟通中你需要就事论事，一是一，二是二，不要牵扯太多。运用就事论事的原则，直达目的，对方才会在根本问题上与你达成一致。而且，这样的交流原则，也容易使对方心悦诚服，这无论是对于对方还是对于你自己，都能极大地提高工作效率。

学员苏菲尔女士向我诉说她的苦恼：“我的人缘很差，以前还有几个死党跟我是邻居，也是多年的好友，但是最近两个月，她们的态度也变得很模糊，不怎么约我参加家庭聚会了。”

我问她：“您能提供几次事件来作为参考吗？在最近的生活中，你们之间发生了哪些争议或者不快呢？”

她向我讲了一件事。在大概两个半月以前，苏菲尔与死党瑞布里女士发生了一点儿小误会。在她看来，那是一件再小不过的事情了，没什么值得大惊小怪的。起因是瑞布里过来借她家的吸尘器，她很慷慨地借给了瑞布里，但是在归还的时候，她发现吸尘器的一个部件丢失了，导致用起来总是咯咯作响。

在生活中，这的确是很常见的事情，这类事件的发生率之高，可能远高于我们出门忘带某件重要东西的次数。只是，区别在于你怎么处理。

“是的，女士，这的确是一件小事，你是怎么对待的呢？”

“我在发现部件坏掉的30秒内没有当回事，本想自己修好就行了，但是我突然想到，这已经是瑞布里第19次借我东西后弄坏了，我决定提醒她一下。半小时后，我给瑞布里打了电话，她正在开车。我准备跟她好好聊一聊，我告诉她，吸尘器坏掉了，但是，瑞布里反应平淡，她只是说：‘呀，看来它不怎么经用呀，细心的苏菲尔女士。’我很愤怒，虽然她听起来像在开玩笑，但我觉得她在讽刺我的小气。于是，我质问了她的粗心大意。我告诉她：‘这已经是你第19次搞坏我的东西了！你不但会把别人的东西用坏，而且总是不承认错误，你这种行为很让人讨厌，是不是你不管干什么都要做到最坏才觉得快乐呢？为什么你的房子住了这么多年还是如此坚固呢？可见你只是喜欢用坏别人的东西。’”

“啊……”听到这里，我默默地叹息一声。我知道，苏菲尔“闯祸”了，她犯下了与人沟通的一个大忌，将一件很小的事情提到了很高的高度，去诋毁了朋友的人品，并且有“人身攻击”的嫌疑。

这使她的“兴师问罪”一点儿都不真诚，同时她也失去了做人的基本原则。

从此以后，瑞布里就与苏菲尔“断绝”了朋友关系。两个人互不往来，即便迎头碰到了，也会拉下脸走开。苏菲尔觉得，如果只是这样也就算了，这是正常的结果，但其他的死党也像约好似的，与她拉开了距离，这让她觉得难以接受。

“我们俩的矛盾，与她们何干呢？难道她们建立了联盟，故意给我难堪？这说明她们并没有把我当做朋友，以前与我也是口是心非，我真是后悔极了，竟然和她们一相情愿地交好这么多年。”

我说：“不，苏菲尔女士，这是人脉影响的扩散效应。你处理这件事的态度，所影响到的并不只是受到攻击的对方，而是其他一切与你保持关系的人。你没有将这件简单的事情处理好，人们担心你会采取同样的态度对待她们，所以自然会采取保护性的措施。”

苏菲尔没有就事论事，这让她失去了朋友们的尊重。

你只有说出自己的道理，并且控制争论和纠纷的范围，你才能立于不败之地。也只有拿出真诚和坚持原则的态度，你才有可能在人脉圈中树立自己比较正面的形象，从而建立自己的人脉权威，在人脉圈中拥有一定的威望。

一个喜欢小题大做的人，他在公关的过程中就会给人留下一个不可理喻的印象。人们害怕跟他打交道，因为人们不知道他会借一件小事的争论扯出多少是非。

◎自己的过失不可逃避

你一定会遇见很多类似的事件，对方意识到了自己的错误，采取自责的方式向你承认错误，而你一定会原谅他——除非你刻意跟他作对，这对你没什么好处。同样的，当你意识到自己错了的时候，也应该及时地自我反省，不要逃避责任。

如果你能做到这一点，对方就算是一个没有度量的人，也不会对你加以过多的责备。

在进行沟通时，如果你们之间出现了矛盾，而你也察觉到了的话，应该马上采取的态度不是装作糊涂应付了事，而是正视错误，认真地向对方道歉。这么做的目的是削弱和降低对方心中的怒火，实现问题的和平解决。

我对苏菲尔说：“检讨自己的过失，真诚地告诉瑞布里你做了什么，以及你现在的心理状态和你对她的期望。这并不丢人，反而是展示你宽和与自信魅力的一种方式。”

一周后，她满意地打来电话，告诉我事情得到了圆满的解决。她向瑞布里真诚地道歉，请朋友们到家中做客，然后坦诚地告诉她们，因为这件事，她一直处于深重的羞愧和反思之中，希望自己能做些什么，以消除人们对她的误解和因此受到的打击。而瑞布里也诚恳地向她道歉并表示以后会改正缺点。她们互相拥抱，忘掉了不快，重新成为让人羡慕的死党和好邻居。

著名的心理学家卡耐基，他经常带着自己的宝贝——一条叫做雷斯的狗去附近的公园散步。公园里的人很少，所以他常常不给雷斯戴口罩或系狗链。有一天，他又带着狗在公园里散步，正优哉游哉地踱步，迎面却走来一位警察。

警察为了显示自己的权威，就叫住卡耐基，申斥他说："你为什么不给你的狗系狗链或戴上口罩，你不知道这是违法的吗？"卡耐基说："是的，我知道。""下次要是让我看见像今天这样，你就必须去跟法官解释了。"

卡耐基客客气气地答应遵办，可是雷斯不喜欢戴狗链和口罩，卡耐基也不喜欢自己的爱犬过于拘束，所以还是如故——他没有给狗带上这些东西，继续着这种冒犯法律的行为。

有一天，他照旧在公园里散步时，远远地又看见一位警察朝自己这边走来，于是他决定不等警察开口就先发制人，走上前去说："警察先生，这回是我的错，我有罪。上次有位警察警告过我，要是带小狗出来再不戴口罩，就要罚我的钱，而且还会上法院，这真让我羞愧，我诚心地向您道歉，并保证不再犯下类似的错误。"

警察本想发作，听到他这样说就笑了，回答说："这没什么，谁都会忍不住带一条小狗出来玩玩，这么大的小狗应该不会咬人吧！你把问题想得太严重了。这样吧，你只要把它带到行人较少的地方就行了，应该不会有什么危险发生。"

反省自己的错误并主动向对方承认，这可以使对方觉得自己受到了尊重，那么对方就会表现出一种宽容的态度，从而达到你的说服目的。何必费尽心机地去想办法取得别人的原谅呢？许多人为了得到对方的宽容，经常走向了更加错误的极端：他们想尽一切办法掩饰自己的行为，却越描越黑，反而葬送了自己的良好形象。

只有正视问题，才会让你轻轻松松处理好人际关系，化矛盾于无形。

时时刻刻提醒自己，多作自我检讨，对于你建立起一个良好的人际关系网是极为重要的。

在向别人道歉时，这种自我检讨的沟通原则主要起到一个润滑剂的作用；而在我们请求别人做某一件事时，它便成了一种强有力的推动剂，起到推动事态发展的积极作用。

我们都知道，在工作中如果你单兵作战，肯定不会有所建树，因此你无可避免地要和团队中的人打交道。所以一件重要的事情，它成功的要素之一就是要求团队成员之间相互合作，这其中，免不了你要对人有所请求，请求他人的协助或帮助。这意味着你要将一些困难的工作交给别人来处理，这种情况一般不会特别顺利。这时，你就不妨以自责的立场去迈出第一步，效果往往好得出人意料。

十几年前，我在长江实业集团任职时，遇到过这样一件事。公司有一个很重要的客户透露说，他不想再继续跟公司合作下去，想要终止合同，这使部门的顾总（现在他已经是新加坡一家贸易公司的老板）很是苦恼，因为这个客户向来是一位很难缠同时也很有个性的人，一般人根本就搞不定他。公司的很多人都受过他这样那样的奚落，要找一个能降服他的人谈何容易呢？

顾总后来找我商议，看看有什么办法，我向他推荐我的同事孔森。理由很简单，当初公司的人都拿不下这个客户，是孔森主动出马，最终搞定了这笔订单，后来孔森被调去了采购部门，不再与一线的客户打交道。显然，现在的这件事已经不属于他的管辖范围了，那么他能不能答应呢？

顾总让我试一试，我就找到孔森，对他说："我知道我的做法可能会让你感到很不高兴，让你很排斥，因为当初你正是因为对营销部门的工作性质很反感，才离开这儿的，所以我要先给你道歉，这的确是一件麻烦事，但是我也是没有办法才找到你的，长江实业集团虽然是香港非常大的集团公司，有的是人才，但恐怕公司里也只有你一个人能够办得到这件事，我真诚地希望你不要拒绝。"

他一听，眼睛就大了。我这一番自我批评和紧跟而来的赞美，让他很受用。本来，如果我直言不讳地向他通告这件事，他恐怕会非常抗拒这样的任务，因为他极为讨厌营销和客户公关工作。接着，我便把自己找他的目的告诉了他。一开始，孔森面露难色，但最终他还是接下了这件事。经过孔森再次和这位客户的商谈，客户决定继续跟公司合作，我顺利地帮顾总解决了这个客户的问题。不但如此，在顾总与孔淼之间，我充当了一个很好的沟通桥梁，给他们两人留下了非常好的印象，这也为我在长江实业的发展打下了不错的基础。

这一原则的运用，其实还有另一种目的——你能够先通过必要的自责和不可逃避的责任的交付，抓住人们的同情心并予以利用，成功地使他替你做事，完成一些困难的任务。这是非常有必要的，它所收到的效果也非常可观。

即便你真的犯下了重大的错误，当你已经意识到自己的不对，并加以自责，对方就很难再忍心训斥你，更何况你在自我批评的同时，把他也顺便抬高了。他的心情一好，对你的态度就会大为改观。

这在我们求人办事时，也是一种极为有效的方法。将自己放在一个很低的位置上，等于先堵住别人的嘴，使他不忍心拒绝你，这样成功的可能才会大大增加。

先退一步，往往更容易掌握主动权，控制整个沟通的局势。

◎六维空间的积极拓展

每个人都需要懂得沟通的积极意义，它对于我们的人脉拓展来说，其作用不止是润滑和交流。六维度的人脉空间在现实中的表现，实质上分为两个层面：

1. 在人脉积累中的沟通的主动权。

2. 清醒和理智的交际态度。

从形态上看，六维空间是一个包容量巨大的菱形体。我们把一张扁平的白纸折成四半再对折后就可以得到这个形状。在这个菱形体中，作为主人的你居于正中，中间有无数的线把你与空间的任何一个点连接起来。

问题是，你只有采取主动性的策略和步骤，这个菱形体的容量才会增加。假如你只满足于现在的资源量，“我已经有不少朋友了，我这一生心满意足了”——像这样想的人到处都是，那么你会看到，你所拥有的人脉的六维空间，它不但不能保持原状，反而会逐步萎缩下来。

因为失去了弹性，这个空间体慢慢地就由六维的形状恢复为扁平的一张白纸。我们确定是会这样的，不仅出于物理的原因（人与人之间的关系不可能一成不变，而是不进则退），更是在于你自身的价值没有持续得到体现和提升。

★掌握沟通的主动权

沟通的主动权通常表现在我们对于形势的判断上，当利益出现对立甚至严重的纠葛时，谁掌握了主动，谁就取得了先机。

比如在职场或者官场，因为人与人之间关系的复杂和利益的纠葛，处处都犹如战场一样，到处都是陷阱，一语不慎可能引起战争，一旦说错话就会丧失晋升加薪的机会。

对此，你不用感到惊讶，你的命运走向和你是不是会说话、能否掌握与人沟通的主动权，有着密不可分的联系。

无论在何种场合，你在进行何种交谈，其实都是一种争夺主动权的战争。关系人希望掌握与你的距离的主动权，而你也渴望攻破他的防线，实现你的目标。不管你正在做什么，或者你的计划是什么，其本质都是相通的：你只有把主动权掌握在自己手里，才能完完全全地保护自己不受侵犯，并且守护自己的利益。

我们经常会遇到这样的情况：在对方向我们提出某项要求之前，我们已经通过别的途径知道了对方的真实目的。但是，我们不想答应对方的要求，或者这件事情的确在你的能力范围之外，那么你该怎样拒绝呢？

有些人会选择直接拒绝的方式，什么都不解释，直言不讳地告诉对方：“不行！”然后不想再就这一问题继续交流下去。这很干脆，是一种节省时间的方法。可如果对方并不是一个善解人意的人呢？

那么，之后他就会与你为敌，处处与你作对，甚至有可能因此而记恨你。所以，出于不影响双方关系的目的，你也要在沟通时学会引导对方，将主动权握在己手。

面对这种情况，如何把握主动权？你应在对方开口之前就主动提到这件事，通过理性和详细的分析，告诉对方你现在的处境和能力，使他明白地感受到你的为难之处，才能切身体会你的真实心情。

这就是掌握沟通主动权的真实目的：沟通的目标是获得对方的理解，而不只是实现一个计划中的结果。

如果你正处在一场唇枪舌剑的谈判中，那么掌握沟通的主动权无疑会成为你险中求胜的重要法宝。

比如一些攻击型的谈判者，他们在交流中，往往以攻击为主要的谈判手段，会先于对方提出一些刁钻的问题，或者说出一些咄咄逼人的观点，从而有目的和有针对性地向对方发起进攻，以维护己方的利益。他们甚至会不给对方一丁点儿喘息的机会，自然而然地就成了这场谈判的赢家，得到他们想要的结果。

★ “关系决策”时不要头脑发热

最后，我们将谈到一个动态的人脉概念：关系决策。

你和你的所有人脉有关的一切计划与行为，你选择交什么样的朋友，与哪种人保持最紧密的联系，决定与什么人断掉联系，以及怎么应付具体的“关系变动”，它们都可以称为关系决策的部分。

“关系决策”的内容主要分为四个部分：

决定人脉拓展的方向。

决策人脉关系的发展实质。

对于计划和行动作出判断。

公关的应急反应和决断力。

我们在生活中往往对于后两个部分运用较多，大部分人缺乏战略上的能力，而是精于细节的处理——事实上，人们总是面临庞杂的人际内容，在处理的质量上却非常低劣。比如，人们只是凭借一时的头脑发热，选择正面与自己的竞争对手发生冲突。但在关系决策的层面，这永远是蠢人做出的最为愚蠢的行为。

这样冲动的结果便是对方与你势不两立，争斗到底；你的上司也会看低你，觉得你不够冷静，不会办事；同事会疏远你，觉得也许有一天与你发生冲突的时候，你也必定会作出这样冲动的举动，与其以后与你的关系恶化，不如现在就不再接近你。

头脑发热的选择永远是得不偿失的行为，但遗憾的是，大多数人在和他人的交流过程中，总是感性战胜理性，不经思考就采取一些错误的策略，从而让自己陷入被动。应该选择妥协的时候，却决定强硬；应该智取的时候，却武断地采取了对峙行为。

洛杉矶著名的咨询公司Daniel（丹尼尔）有一名华人职员王辉，他是公司的骨干之一，同时也是业内有名的金牌咨询师。但是随着时间的推移和公司的发展，王辉渐渐地感觉到自己在公司变得孤立起来，同事们看似无心地故意排挤他，常常有人向董事会和他的顶头上司打他的小报告，以致后来老板都开始对他怀疑起来。

老板肯定觉得，王辉作为一名公司元老，是不是有什么野心，或者出于对公司的不满想跳槽呢？

这是关系处理不佳时通常会出现的情况。王辉也深知，自己如果再不采取适当措施的话，最后吃亏的肯定就是自己了。因为以现在的这种阵势来看，以忍让来守住自己在公司里的地位已然是不可能的了。于是他决定马上行动，来化解自己的人际危机。

这一天，他走进了老板的办公室，想要跟老板好好谈谈。然而，他刚踏进办公室的门，老板就先开口了："王，你来得正好，我正想跟你说一件事，最近同事们对你都很不满啊，怎么回事？你是不是该检讨一下自己了？"老板是典型的美国式做派，从不考虑事情的来龙去脉，而是心中有疑问就马上发作，直接寻求答案。

王辉回答说："是的，正因为我知道最近大家对我很不满，所以昨天晚上我认真地想了一个晚上，觉得也许是我的原因，才会导致团队配合不好，工作也就不能顺利完成，同事们才会对我产生那么多的怨言，所以我一早便来请求辞职，请您批准。"

也许你一定以为听错了，但没错，王辉毫不犹豫地提出了辞职。他的这一决定，让他的美国老板顿时有些措手不及，因为王辉不但是公司的元老，更是一名当之无愧的优秀职员，他对公司的贡献一直很大，独当一面的能力也是有目共睹的。而且，王辉的手上有很多优质的客户，这样就放他走，岂不是公司的一大损失？

美国人马上知道自己该如何处理这件事了，立刻改变了态度，不动声色地说：“哦，王，这件事必须等我调查清楚再说，你先回去吧。”

下午，老板召集全体员工召开公司的内部大会，他在会上反复严厉强调了“合作精神”，然后授予了王辉更多的权限，宣布了对他新的职务任命。王辉一次关键的决定，让自己大获全胜，既证明了自己的“清白”，获得了上司的肯定，又在公司内部增加了自己的权威。

但是，王辉的选择并非是一次冲动的决策，而是基于自己雄厚的资本。首先，他是Daniel的资深员工和元老级的人物，在董事会的成员之间有着不错的人缘——换言之，他是一位在公司内部有影响力的人物；其次，他的能力对于公司来说不可或缺，许多业务离了他不行。所以他才有以辞职来作为底牌展示自己价值的机会。

因此，王辉的决定并没有头脑发热，而是基于理性的选择。他在人际危机发生时，没有冲动地跳出来以一副“我问心无愧”的态度去采取冷淡式的处理方式，而是直击要害，一举将危机荡平。

相比之下，许多人在这种时刻的决定就逊色极了。我曾经在华盛顿遇到一位李先生，他义愤填膺地对我说，在一次内部的职位竞争中，他输给了同部门的一个白人，但就能力而言，他自认自己非常优秀，绝不输给那个白白胖胖的家伙，结果却是他输了。

我问他："什么因素导致了这个结果呢？"

李先生冷笑道："还不是因为我是华人，美国公司自然优先提拔白人。"

事实是怎么样的呢？李先生在公司的考察期间，极为冲动地做了一件足以颠覆管理层对他的正面看法的错误之事：他打电话约请一位人力资源高管去一家高级华人餐厅吃饭。如果只是吃饭也就算了，他还在饭桌上向这位高管公开行贿，隐晦地表示了"如果自己能够升职就给你多少回报"的想法。

这真是愚蠢到极点的"关系决策"，不切身考虑美国公司的文化、美国人的法律制度和他们的思维常识，就自以为是地搞起了饭桌交际，一相情愿地认定他的美国上司会接受他的"美意"，结果却是让自己彻底出局。

能否冷静地进行关系的处理，这与一个人对于局面的判断能力有关。你必须设身处地考量"关系人"的文化背景、性格和身份地位，当你搜集够了这些基本的信息之后，你还要反过来称量自己的价值及在这个圈子里的分量。

你需要考虑两个问题：

“他是谁？”

“我是谁？”

这两个问题是如此简单，但行之甚难，没几个人会在人脉公关中静下心来在一张纸上详细对比这两方面的信息。今天，当我们针对自己的人脉现状探讨有效的行动方案时，回到人脉的本质原点，也就是考虑这些根本性的问题，其实就成了当务之急。

如果你能让自己成为一个习惯于冷静思考的人，你就为自己的人脉前景打好了一个坚实的基础。

图书在版编目（CIP）数据

六度人脉. 2 / 李维文著 . —长沙：湖南文艺出版社，2012. 8
ISBN 978-7-5404-5660-3

Ⅰ. ①六… Ⅱ. ①李… Ⅲ. ①人际关系学 – 通俗读物 Ⅳ. ①C912.1–49

中国版本图书馆 CIP 数据核字（2012）第 140622 号

上架建议：励志 /成功心理学

六度人脉. 2

著　　者：李维文
出 版 人：刘清华
责任编辑：丁丽丹　刘诗哲
监　　制：一　草
特约编辑：马占国
版式设计：张丽娜
出版发行：湖南文艺出版社
（长沙市雨花区东二环一段 508 号　邮编：410014）
网　　址：www.hnwy.net
印　　刷：北京嘉业印刷厂
经　　销：新华书店
开　　本：880mm × 1270mm　1/32
字　　数：200 千字
印　　张：9
版　　次：2012 年 8 月第 1 版
印　　次：2012 年 8 月第 1 次印刷
书　　号：ISBN 978-7-5404-5660-3
定　　价：32.80 元
（若有质量问题，请致电质量监督电话：010-84409925）